先代《せんだい》
"紅《あか》の王《おう》"
壬生《みぶ》一族《いちぞく》の最高《さいこう》権力者《けんりょくしゃ》。
真田幸村《さなだゆきむら》
打倒《だとう》・家康《いえやす》に燃《も》える真田家《さなだけ》の侍《サムライ》。狂《きょう》にひけを取《と》らない剣豪《けんごう》であり、冴《さ》え渡《わた》る知謀《ちぼう》も兼《か》ね備《そな》えた名将《めいしょう》。
壬生一族《みぶいちぞく》
壬生一族《みぶいちぞく》の戦士《せんし》
ち。狂《きょう》たちとの闘
を通《つう》じ仲間《なかま》とな
現在《げんざい》、先代《せんだい》"紅《あか》の王
の力《ちから》で停止状態《ていししょうたい》に。
遊庵《ゆあん》
時人《ときと》
辰伶《シンレイ》
出雲阿国《いずものおくに》
狂《きょう》につきまとう見聞屋《じょうほうや》。
四方堂《しほうどう》
初代太四老《しょだいたいしろう》の長《おさ》。
寿里庵《ジュリアン》
遊庵《ゆあん》の父《ちち》であり村正《むらまさ》の師《し》。壬生一《みぶいち》の刀匠《とうしょう》。
鎮明《チンメイ》
「紅十字《レッドクロス・ナイツ》」の四守護士
先代《せんだい》"紅《あか》の王《おう》"の血肉《ちにく》から創《つく》られた真《しん》の"紅《あか》き眼《め》"を操《あやつ》る戦士《せんし》。鎮明《チンメイ》は二番目《にばんめ》、京四郎《きょうしろう》は四番目《よんばんめ》の「紅十字《レッドクロス・ナイツ》」の四守護士。
村正《むらまさ》
元太四老《もとたいしろう》の長《おさ》で、狂《きょう》と京四郎《きょうしろう》の剣《けん》の師《し》。妖刀《ようとう》"村正《むらまさ》"の制作者《せいさくしゃ》。
朔夜《さくや》
未来見《さきよみ》の力《ちから》を持《も》ち、森羅万象《しんらばんしょう》を司《つかさど》る巫女《みこ》。

前巻《ぜんかん》のあらすじ

先代《せんだい》"紅《あか》の王《おう》"の刺客《しかく》として真《しん》の壬生一《みぶいち》族《ぞく》である本物《ほんもの》の狂《きょう》の躯《からだ》で狂《きょう》たちの前《まえ》に現《あらわ》れた壬生京四郎《みぶきょうしろう》。京四郎《きょうしろう》と狂《きょう》、真《しん》の"紅《あか》き眼《め》"を持《も》つ者同士《ものどうし》の対決《たいけつ》がいよいよ始《はじ》まった。一方《いっぽう》、幸村《ゆきむら》とサスケたちは、チンメイから自分《じぶん》と京四郎《きょうしろう》は先代《せんだい》"紅《あか》の王《おう》"の血肉《ちにく》から創《つく》られた「紅十字《レッドクロス・ナイツ》」の四守護士だと告《つ》げられる。そして真《しん》の"紅《あか》き眼《め》"を発動《はつどう》したチンメイに苦戦《くせん》するサスケだが、勢《せい》ぞろいした真田十勇士《さなだじゅうゆうし》と紫微垣《しびえん》の力《ちから》を借《か》りチンメイを撃破《げきは》。その頃《ころ》、狂《きょう》は京《きょう》四郎《しろう》の圧倒的《あっとうてき》な力《ちから》の前《まえ》に斃《たお》れ伏《ふ》す。もう立《た》ち上《あ》がれぬと思《おも》われた時《とき》、狂《きょう》の意識《いしき》の中《なか》に現《あらわ》れた村正《むらまさ》。その呼《よ》びかけをきっかけに仲間《なかま》の声《こえ》に導《みちび》かれた狂《きょう》は、奇跡《きせき》の復活《ふっかつ》を果《は》たすとともに、信念《しんねん》の極《きわ》みに達《たっ》し、最終奥義《さいしゅうおうぎ》・黄金色《こんじき》の神風《かぜ》を京四郎《きょうしろう》に放《はな》つ。

壬《み》生《ぶ》陰《おん》陽《みょう》殿《でん》人《じん》物《ぶつ》分《ぶん》布《ぶ》図《ず》
紅《あか》の塔《とう》
所在《しょざい》が定《さだ》かでない人物《じんぶつ》
四方堂《しほうどう》
紅《あか》の塔上部《とうじょうぶ》を目指《めざ》し単独行動中《たんどくこうどうちゅう》。
出雲阿国《いずものおくに》
情報収集《じょうほうしゅうしゅう》をしながら単独《たんどく》で行動中《こうどうちゅう》。
The Red tower.
あの世《よ》
ひしぎ
吹雪《ふぶき》
村正《むらまさ》

紅《あか》の塔《とう》最《さい》上《じょう》部《ぶ》
囚《とら》われの身《み》。
椎名《しいな》ゆや
先代《せんだい》紅《あか》の王《おう》
るる
紅《あか》の王《おう》の庭《てい》園《えん》
灯《あかり》
狂《きょう》
京四郎《きょうしろう》
戦闘中《せんとうちゅう》
紅虎《べにとら》
壬生一族《みぶいちぞく》
—活動停止中《かつどうていしちゅう》—
寿里庵《ジュリアン》
梵天丸《ぼんてんまる》
辰伶《シンレイ》
ほたる
アキラ
遊庵《ゆあん》
時人《ときと》
紅《あか》の塔《とう》下《か》部《ぶ》
真田十勇士《さなだじゅうゆうし》
勝利《しょうり》
死亡《しぼう》?
真田幸村《さなだゆきむら》
朔夜《さくや》
サスケ
戦闘《せんとう》
鎮明《チンメイ》

あばかれる鬼眼の素顔。
戦いのキズはしょうがないけど…コレは柱に顔ぶつけた時のでしょ?
…もー狂さまぁ、いいかげん前むいて歩こうよ〜〜〜
何度言っても下むいて歩くから
…

SAMURAI DEEPER KYO《キョウ》 もくじ

SAMURAI DEEPER KYO
キョウ
キョウ・・・・!!
はやく二人《ふたり》を止《と》めないと――――!!
あ・・・・
あの光《ひかり》は――・・・
朔夜《さくや》さん!!
はっ
ゆ・・幸村《ゆきむら》さん!!
サスケさん!!

黄金色《こんじき》の神風《かぜ》ーー……

な……!?
き…京四郎《きょうしろう》はんの
"青龍《せいりゅう》"を一瞬《いっしゅん》で
かき消《け》した……!!
ゴゴ
"玄武《げんぶ》"の神風《かぜ》で
防《ふせ》ぐつもり
か……!?
ドド
ぐ……
バギャ
バギャギャ
ドド
パキ
ドドド
駄目《だめ》だ……
防《ふせ》ぎきれな……

きゃあああ!!
ズズズズ
黄金色《こんじき》の神風《かぜ》……
狂《きょう》……お前《まえ》がこの神風《かぜ》までも呼《よ》ぶとはね……

がら
見《み》てくれよ……!!
今《いま》の神風《かぜ》で
雨雲《あまぐも》がふっ飛《と》んじまったよ……!!
くはっ……
な…なんという破壊力《はかいりょく》……
い…今《いま》の業《わざ》はいったい――……
〝信念《しんねん》〟の極《きわ》み……
その一撃《いちげき》は
真《しん》の壬生《みぶ》一族《いちぞく》さえも
超《こ》えられるのか……
……今《いま》の狂《きょう》はまさに
絶対無敵《ぜったいむてき》……!!

SAMURAI DEEPER

KYO キョウ

其之《その》二百九十一

「陰《いん》」と「陽《よう》」・玖《きゅう》の太刀《たーち》～もう一《ひと》つの〝信念《しんねん》〟

それにしても先刻《さっき》の
黄金色《こんじき》の神風《かぜ》・・・・
壬生《みぶ》京《きょう》四《し》郎《ろう》の〝青龍《せいりゅう》〟〝玄武《げんぶ》〟
さえも一瞬《いっしゅん》でかき消《け》した
アレはいったい――…!

き……
京四郎《きょうしろう》は……

……どうした……
勢《いきお》いが……
落《お》ちてるぜ……
ハァ
ハァ
き…狂《きょう》——!!
意識《いしき》が戻《もど》った……!!
……がないか……
もう……揺《ゆ》るがないか……
真《しん》の壬生《みぶ》一族《いちぞく》の〝力《ちから》〟にも———…

京四郎《きょうしろう》はん!?
京四郎《きょうしろう》はんもオーバーロード!?
それだけのダメージを喰《く》らったんや……!!さっきまでの気迫《きはく》も感《かん》じられん……!!
せやかってそれは狂《きょう》はんも同《おな》じ……あれだけの神風《かぜ》を起《お》こしたんや……もう……ホンマに限界《げんかい》の限界《げんかい》や……!!
二人《ふたり》とも……これ以上《いじょう》闘《や》ったら死《し》んでまうで——!?
……京四郎《きょうしろう》

・・・わかっていると思《おも》うけど君《きみ》は勝《か》たなくてはならない・・・・
そのためだけに私《わたし》が血肉《ちにく》を与《あた》え創《つく》った最高傑作《さいこうけっさく》なのだから負《ま》けは〝死《し》〟を意味《いみ》するよ・・・・？
な・・・・
・・・君《きみ》は〝神《かみ》の子《こ》〟なんだ
王位《おうい》を継《つ》ぐはずだった真《しん》の壬生一族《みぶいちぞく》最後《さいご》の子《こ》〝鬼《狂》の子〟の代《か》わりに創《つく》った〝神《かみ》の子《こ》〟・・・・
神《私》に刃向《はむ》かう外道《げどう》に堕《お》ちた〝悪《あく》〟の〝鬼《おに》の子《こ》〟とは違《ちが》う・・・・
やさしく穏《おだ》やかでほがらかで従順《じゅうじゅん》〝紅《あか》の王《おう》〟を継《つ》ぐにふさわしい〝善《ぜん》〟の〝神《かみ》の子《こ》〟それが君《きみ》だ・・・・
・・・狂《きょう》を斃《たお》しその躯《からだ》を完全《かんぜん》に自分《じぶん》のものとし〝紅《あか》の王《おう》〟となる以外《いがい》生《い》きる道《みち》はない・・・・
いや 生《い》きる価値《かち》がないんだよ？
ちょ・・・・
もちろん それがわかっているから君《きみ》は私《わたし》の下《もと》へ戻《もど》ってきたんだろう？

そうなの....!?
京四郎《きょうしろう》....
それが本当《ほんとう》なの? 京四郎《きょうしろう》...
き....京四郎《きょうしろう》はん....!!
京四郎《きょうしろう》やめ....
ざっ
さあ あとは京四郎《きょうしろう》にまかせて未来見《さきよみ》しておくれ新《あたら》しい巫女《みこ》さん
雨雲《あまぐも》が晴《は》れて星《ほし》がよく見《み》えるようになったからもっと空《そら》を近《ちか》くで見《み》える所《ところ》にいこう
ざっ
ざっ
いや....離《はな》して!!
ばっ
お..王《おう》!! やめるのだん....!!
ドガッ
ぐあっ!!
し....四方堂《しほうどう》さん!!

……大丈夫《だいじょうぶ》……京四郎《きょうしろう》はやさしい子《こ》だから……けっきょく私《わたし》を裏切《うらぎ》れない
えっ!?
魂《狂》と躯《京》……二人《ふたり》の〝キョウ〟のどちらが欠《か》けても真《しん》の壬生一族《みぶいちぞく》は私以外《わたしいがい》いなくなる……
悲《かな》しいけれど……一《ひと》つの世界《せかい》に二人《ふたり》の王《おう》はもういらないよね
……あ……あなた……
まさかそのために二人《ふたり》を——……
さあ……未来見《さきよみ》しておくれ
ざっ
ざっ
ざっ
い…いや!!
狂《きょう》……
京四郎《きょうしろう》……!!
もう闘《たたか》ってはダメ——!!

い…今《いま》の光《ひかり》と神風《かぜ》は——……
ゴゴゴ
なんていう神風《かぜ》……いや これはただの神風《かぜ》じゃない……？
……狂《きょう》が放《はな》った黄金色《こんじき》の神風《かぜ》が狂の軀に落《お》ちたんです……
キョウは……京《きょう》は自分《じぶん》を犠牲《ぎせい》にするつもりなの……!!
はやく二人《ふたり》を止《と》めないと……!!
……え!?
……先代《せんだい》を斃《たお》せるのも同調《シンクロ》した巫女《みこ》の心《しん》の臓《ぞう》を解放《かいほう》できるのも真《しん》の壬生《みぶ》一族《いちぞく》だけなんです
いくら「紅十字《レッドクロス》」の四守護士《ナイツ》であろうと創造主《先代"紅の王"》には絶対服従《ぜったいふくじゅう》……先代《せんだい》を殺《あや》めることも逆《さか》らうこともできない……
……でも死《し》んだのは女《おんな》だけ……
……誰《だれ》にも先代《せんだい》を斃《たお》せやしないのさ

……でもっ!! 逆《ぎゃく》に狂《きょう》 あなたが 私《わたし》を斬《き》り捨《す》てたら 先代《せんだい》"紅《あか》の王《おう》"の命《いのち》の刻《とき》を 終《お》わらせることができる かもしれない……!!
……だから あんたはかつて 鬼眼《おにめ》の狂《きょう》に自分《じぶん》を 斬《き》るよういったのか……
……真《しん》の壬生《みぶ》一族《いちぞく》の 鬼眼《おにめ》の狂《きょう》なら 同調《シンクロ》している先代《せんだい》を あんたごと 斃《たお》せると……
でも だからって 何《なん》で壬生《みぶ》京四郎《きょうしろう》が 先代側《せんだいがわ》について 鬼眼《おにめ》の狂《きょう》と闘《たたか》う必要《ひつよう》が……
……京四郎《きょうしろう》は狂《きょう》を 信《しん》じているから…… 許《ゆる》せないけど
きっと今《いま》でも 信《しん》じているから…… 狂《きょう》なら必《かなら》ず 先代《せんだい》を斃《たお》せるほど強《つよ》く なれるって———……
な…… 何《なに》言《い》って……
この…… 神風《かぜ》か———……
え!?
敵《てき》として立《た》つことで 狂《きょう》さんをより強《つよ》くしようと していたのか……!? あれほどの神風《かぜ》を生《う》み出《だ》す 高《たか》みへ昇《のぼ》らせるために———……
すべては狂《きょう》さんに 先代《せんだい》を斃《たお》せるだけの 力《ちから》を持《も》たせるために 自分《じぶん》を犠牲《ぎせい》にして———……
京《きょう》四《し》郎《ろう》さん———……!!

京四郎《きょうしろう》はん!! もうやめや・・・・!!
二人《ふたり》とも それ以上《いじょう》は無理《むり》 や――――!!
き・・狂《きょう》・・・・!! 京四郎《きょうしろう》!! もうやめて ・・・・!!
こんなことやめて また一緒《いっしょ》に 旅《たび》しよ!? 今度《こんど》は狂《きょう》も 京四郎《きょうしろう》もみんなも 一緒《いっしょ》に・・・・
京四郎《きょうしろう》・・・・・!! 狂《きょう》は・・・・たくさん私達《わたしたち》を 助《たす》けてくれたんだよ!!
知《し》ってるよ ゆやさん ・・・・・・
狂《きょう》の心《こころ》の奥底《おくそこ》に 隠《かく》れてはいた けれど・・・・
本当《ほんとう》は 狂《きょう》の眼《め》で 狂《きょう》の手《て》で 狂《きょう》の心《こころ》で

狂《きょう》の闘《たたか》いのすべてを感《かん》じていたよ……
潮時かな……と思って――……
この声は――!!
助《たす》けてあげようか……?
狂《きょう》がゆやさんのためにみんなのために強《つよ》くなっていく様《さま》を……
ゆやさんを護《まも》って――……
だからボクは――…
狂《きょう》……君《きみ》の力《ちから》になろう――
ギィィン
京四郎《きょうしろう》さんだめだ――!!
うおおおお!!
今《いま》なら信《しん》じられる狂《きょう》 君《きみ》ならきっと乗《の》り越《こ》えられる
強《つよ》いがゆえに呪《のろ》われた真《しん》の壬生《みぶ》一族《いちぞく》の〝鬼《おに》〟の血《ち》さえも……

だから
狂《きょう》

あとは
たのんだよ――・・
ドゴォ
き・・・・
狂《きょう》オオ――!!
・・・・え!?

き・・京四郎《きょうしろう》!! キサマ――!!
許《ゆる》さねえ・・・・ 許《ゆる》さねえぞ――!!
・・・まてっ!! お前《まえ》ら!!
がっ
止《と》めんなよ!! あいつだけは 絶対《ぜったい》に許《ゆる》さな・・・・
あ・・・・ あんた・・・・ まさか・・・・
狂《きょう》・・・・なの!? 自分《じぶん》の躯《からだ》に戻《もど》ったの・・・・!?

SAMURAI DEEPER K キョ Y ウ O
ぺた
ぺた
ぺたた
ぺ
君《きみ》・・・・何《なに》を作《つく》っているの・・・・？
アリさんの通《とお》り道《みち》を作《つく》ってるんです!!
ここに雨《あめ》が降《ふ》ると水《みず》たまりができてアリさん達《たち》がおぼれて通《とお》れなくなっちゃうんです
だから どんなにデッカイ水《みず》たまりができても通《とお》れる道《みち》を作《つく》っているんです
やさしいね・・・・君《きみ》の名前《なまえ》は？
こそっ

ボクの名前《なまえ》は壬生《みぶ》京四郎《きょうしろう》です!!
…そうか
君《きみ》が……
初《はじ》めまして
京四郎《きょうしろう》くん
えへへ
べっちょり
……
ボクは「紅十字《れっどくろす》」の四守護士《ないつ》だから
みんなのために
正《ただ》しいことを
たくさんするために
生《う》まれてきたんです
だからいっぱい
がんばらなきゃ!!
そして
先代《せんだい》〝紅《あか》の王《おう》〟が
言《い》うみたいに
みんなが倖《しあわ》せに
なったらいいなあ
……信《しん》じて
いるんだね……
先代《せんだい》〝紅《あか》の王《おう》〟を
……
はいっ!!
……
おじさんは
誰《だれ》ですか？
私《わたし》かい？
……私《わたし》はね

私《わたし》は〝紅《あか》の王《おう》〟‥‥本来《ほんらい》ならば当代《今》の〝紅《あか》の王《おう》〟を務《つと》める者《もの》だよ
わけあってクビになってしまってね‥‥今《いま》は執政《しっせい》と権限《けんげん》のすべてを先代《せんだい》〝紅《あか》の王《おう》〟におまかせしているんだ‥‥
…
?
‥‥こう言《い》った方《ほう》がわかるかな?
その刀《かたな》‥‥妖刀《ようとう》〝村正《むらまさ》〟を村正《むらまさ》に創《つく》らせ 無明神風流《むみょうじんぷうりゅう》を生《う》みし者《もの》‥‥
おじさんが‥‥‥
‥‥この世《よ》で唯一《ゆいいつ》〝紅の王《神》〟に対抗《たいこう》できる刀《かたな》を自《みずか》ら生《う》んだために幽閉《ゆうへい》され 今《いま》はこのあり様《さま》だけどね
‥‥おじさん先代《せんだい》〝紅《あか》の王《おう》〟がキライなの?
‥‥私《わたし》はただ倖《しあわ》せや未来《みらい》は君達自身《きみたちじしん》の手《て》でつかむべきだと思《おも》っているんだよ

ああ 紹介《しょうかい》しよう
私《わたし》の友人《ゆうじん》の朔夜《さくや》だよ
あ…… えっと……
ごしごし
きゅっ
ぺちょ
わっ!!
だ…だめだよっ 汚《よご》れちゃう……
……一緒《いっしょ》に アリさんの道《みち》 作《つく》ってもいい?
……うん!!
あの頃《ころ》は毎日《まいにち》が楽《たの》しくて
ボクは人《ひと》を疑《うたが》うことも
自分《じぶん》を疑《うたが》うことも
これで どんな大雨でも 大丈夫だよっ!
…ちょっと 盛りすぎ じゃない?
知《し》らずにいたんだ……

き……
狂《きょう》……
狂《きょう》さん……
狂《きょう》が……

其《そ》之《の》二百九十二
「陰《いん》」と「陽《よう》」・拾《じゅう》の太《た》刀《ち》～「陰《いん》」の記《き》憶《おく》

SAMURAI DEEPER
KYO《キョウ》

狂《きょう》ーーー!!
ホンマに元《もと》に戻《もど》ったんやなあ!!
狂《きょう》‥‥本当《ほんとう》に本当《ほんとう》に‥‥‥
おい!!そのツラよくみしてみろよ!!
ずっ
‥‥狂《きょう》!?
‥‥狂《きょう》
京《きょう》が‥‥京《きょう》がーーー‥‥

…朔夜《さくや》さんの話《はなし》だと京四郎《きょうしろう》さんは初《はじ》めから君《きみ》に軀《からだ》を返《かえ》すつもりだったんだろう
〝紅《あか》の王《おう》〟を継《つ》ぐと偽《いつわ》ることで先代《せんだい》の手《て》の内《うち》にあった君《きみ》の軀《からだ》を手《て》に入《い》れたんだ
ボクはこの軀《からだ》をもって〝紅《あか》の王《おう》〟となる
…うそ そんな……
そして君《きみ》をさっきの黄金色《こんじき》の神風《かぜ》を発現《はつげん》できるほどの高《たか》みへ昇《のぼ》らせるために君《きみ》の前《まえ》に敵《てき》として立《た》ちはだかった……
鬼《おに》の〝血《ち》〟に惑《まど》わされることなく本当《ほんとう》の強《つよ》さを身《み》につけさせるために……
…よく考《かんが》えてみればそんなことをできるだけの強《つよ》さをもってんのは壬生京四郎《みぶきょうしろう》だけなんだよな…
き…京四郎《きょうしろう》はん
あんさんやっぱり……
すべては……
すべては京四郎《きょうしろう》さんが……
狂《きょう》さんなら朔夜《さくや》さんを救《すく》い先代《せんだい》を斃《たお》せると信《しん》じたから…
狂《きょう》…君《きみ》の力《ちから》になろう

き・・狂《きょう》!?
・・・テメエ
ふざけんな!!
こんなことで
テメエとオレの
勝負《ケリ》がついたとでも
思《おも》ってんのかよ!!
さっさと
起《お》きやがれ!!
ちんたら
死《し》んだフリなんざ
してんじゃねーぞ!!
オイ!!
き・・狂《きょう》!!
まって・・・・
!?
〃紫微垣《しびえん》〃が
・・・・!?
急《きゅう》にいったい
何《なに》が・・・・

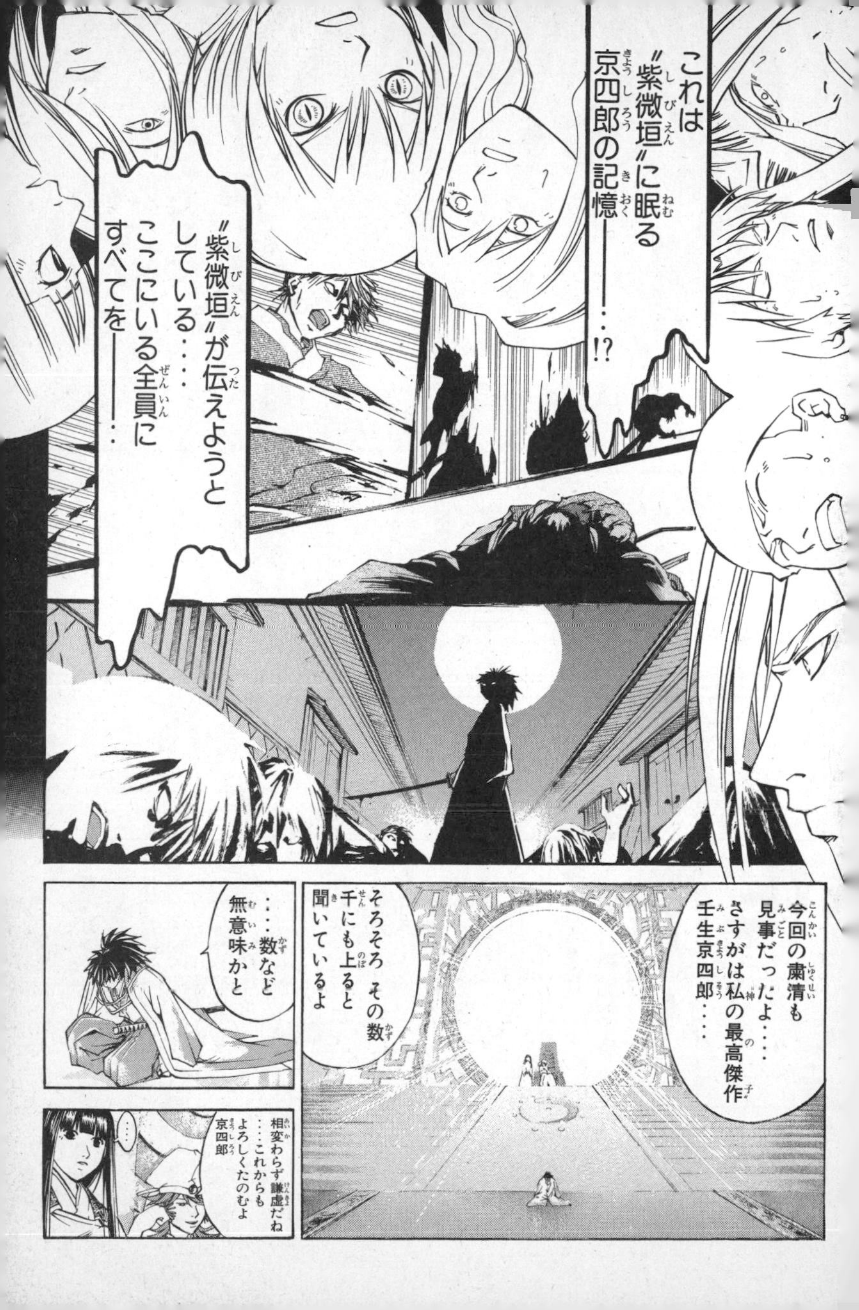
これは〝紫微垣《しびえん》〟に眠《ねむ》る京四郎《きょうしろう》の記憶《きおく》――…!?
〝紫微垣《しびえん》〟が伝《つた》えようとしている…。ここにいる全員《ぜんいん》にすべてを――…
今回《こんかい》の粛清《しゅくせい》も見事《みごと》だったよ…。さすがは私の最高傑作《神の子》壬生京四郎《みぶきょうしろう》…。
そろそろ その数《かず》千《せん》にも上《のぼ》ると聞《き》いているよ
…数《かず》など無意味《むいみ》かと
…
相変《あいか》わらず謙虚《けんきょ》だね…これからもよろしくたのむよ京四郎《きょうしろう》

…すべては先代《せんだい》のために
京四郎《きょうしろう》…‥!!
…君《きみ》は
朔夜《さくや》です…!!
…何年《なんねん》ぶりかしら? 覚《おぼ》えている?
昔《むかし》〝紅《あか》の王《おう》〟と三人《さんにん》でアリの道《みち》を作《つく》ったでしょう? …ほら 三人《さんにん》とも泥《どろ》だらけになって叱《しか》られたじゃない
あれ以来《いらい》〝紅《あか》の王《おう》〟は一層警備《いっそうけいび》が厳《きび》しくなって外《そと》にすら出《で》れなくなってしまったけれど…
…よしてください
え!?
あの出来事自体《できごとじたい》忘《わす》れたい私《わたし》の汚点《おてん》なのですから
…え!?

〝紅《あか》の王《おう》〟は
危険思想《きけんしそう》の持《も》ち主《ぬし》‥‥
今《いま》は先代《せんだい》の思《おぼ》し召《め》しで
生《い》き延《の》びているようだけど‥‥
先代《せんだい》に楯突《たてつ》いた
〝悪《あく》〟とともにいた
記憶《きおく》など‥‥
思《おも》い出《だ》したくもない
ス‥
!?
冷《つめ》たい手《て》‥‥
昔《むかし》はあんなに温《あたた》かかったのに
こんなに冷《つめ》たくなって‥‥血《ち》の匂《にお》いもとれない‥‥
なんてかわいそうな人《ひと》‥‥‥‥
な‥‥
君《きみ》は――‥
な‥‥‥
!?
ズズ
‥‥
これは‥‥まさか――

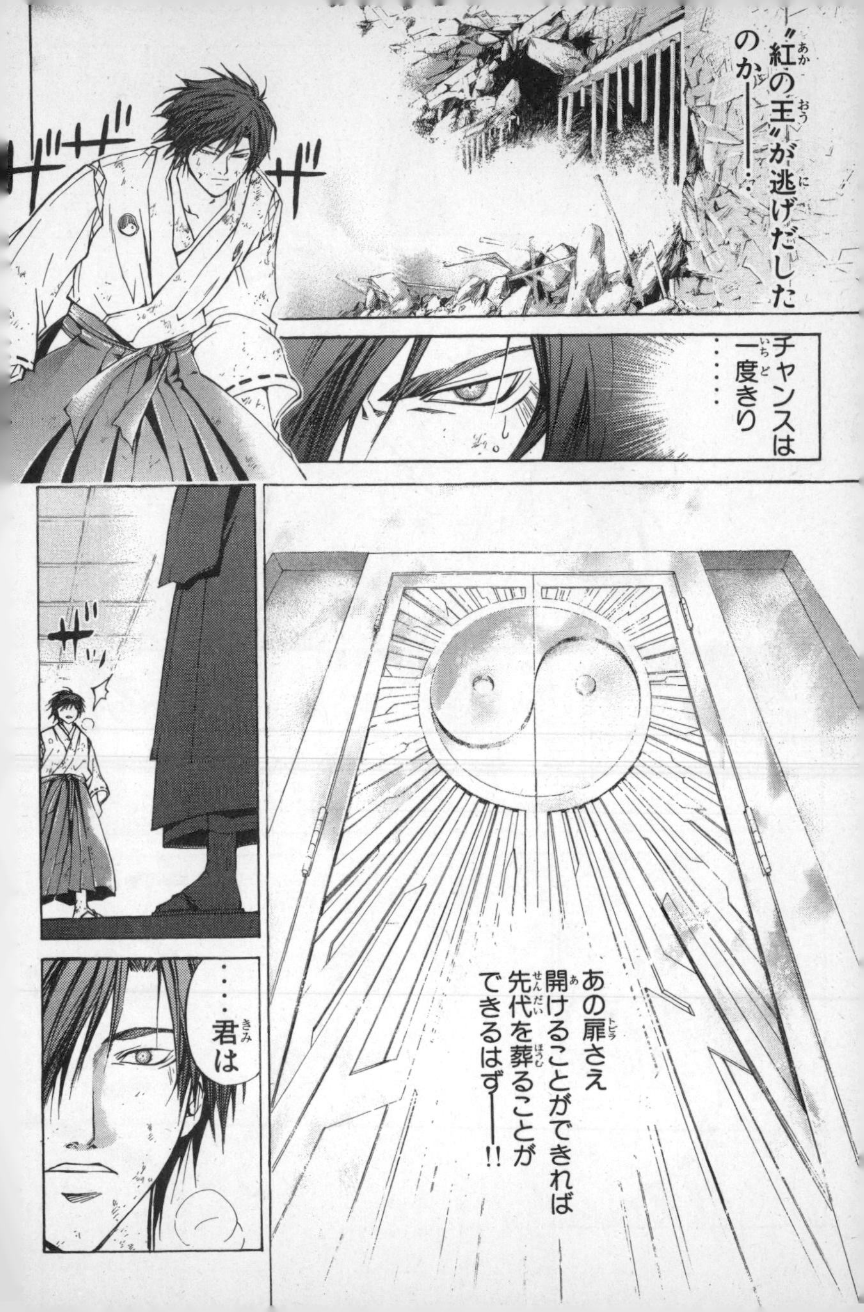

〝紅《あか》の王《おう》〟が逃《に》げだしたのか――…
ザザザ
ザ
チャンスは一度《いちど》きり……
あの扉《トビラ》さえ開《あ》けることができれば先代《せんだい》を葬《ほうむ》ることができるはず――!!
ザッ
……君《きみ》は

お戻《もど》りください
でないと……
お命《いのち》を頂《いただ》きます
"紅《あか》の王《おう》"……
……
参《まい》ったな……
引《ひ》くわけには
いかないし 君《きみ》とも
闘《たたか》えないよ……
……何《なに》を
言《い》って
いるの
ですか？
だって
そうだろ？
君《きみ》は……
やさしい子《こ》だし
私《わたし》の兄弟《きょうだい》だからね
……何《なに》を
心《こころ》が壊《こわ》れてしまったのかい？
それまでにとれだけ
大《おお》きな葛藤《かっとう》があったか
でも……
何《なに》があっても
私《わたし》にとっての京四郎《きょうしろう》は
アリの道《みち》を作《つく》っていた
あのやさしい
京四郎《きょうしろう》なんだよ
……

…ボクが"善《ぜん》"であなたが"悪《あく》"である以外《いがい》何《なに》があるというのですか
…本当《ほんとう》にそう思《おも》うなら私《わたし》を斬《き》るといい…それで君《きみ》が本当《ほんとう》の心《こころ》が取《と》り戻《もど》せるなら本望《ほんもう》だ
どのみち…私《わたし》の命《いのち》はもう長《なが》くない…
…!?
…「死《し》の病《やまい》」だよ
ズ…
私《わたし》もまた…君《きみ》と同《おな》じ「紅十字」の四守護士《レッドクロス・ナイツ》なんだ 三番目《さんばんめ》のね
…あなたが…
…!?
だから私自身《わたしじしん》もまた先代《せんだい》"紅《あか》の王《おう》"に逆《さか》らうことはできないできることは神《かみ》に対抗《たいこう》できる"力《ちから》"を後世《こうせい》に残《のこ》し扉《とびら》を開《ひら》くことだけ
でも君《きみ》は私達《わたしたち》とは違《ちが》うもしかしたら…君《きみ》なら絶望《ぜつぼう》の未来《みらい》を希望《きぼう》の未来《みらい》へ変《か》えることができるかもしれない…
そのためならこの命《いのち》…喜《よろこ》んで捧《ささ》げよう…
…何《なに》をバカな…
…

ザ
ス…
ザッ
信《しん》じているんだよ
君《きみ》を──…
ザ
ザ
私《わたし》はただ
倖《しあわ》せや未来《みらい》は
君達自身《きみたちじしん》の手《て》で
つかむべきだと
思《おも》っているんだよ
やさしい子《こ》だね…
冷《つめ》たい手《て》…
信《しん》じているんだよ
君《きみ》を──…

先代《せんだい》に逆《さか》らいし者《もの》には〝死《し》〟を——…
……
はっ

…さよならだ 京四郎《きょうしろう》……
強《つよ》く…… 生《い》き…ろ……
ばた ばた
はっ
し…しっかりしてください!! "紅《あか》の王《おう》"…… "紅《あか》の王《おう》"……!!
ど…どうして どうして こんなことに…… 人殺《ひとごろ》し……
京四郎《きょうしろう》!! あなたは人殺《ひとごろ》しよ……!!
"紅《あか》の王《おう》"――!!
は、

……き……京四郎《きょうしろう》……
あなた——……
……なぜボクは泣《な》いているのだろう
ボクは正《ただ》しいことをしたはずなのに
……涙《なみだ》は悲《かな》しい時《とき》に流《なが》すもののはずなのになぜ——……

京《きょう》四《し》郎《ろう》‥‥あなた―――‥
SAMURAI DEEPER KYO キョウ
きゅ‥
な‥‥何《なに》を‥‥
壬生《ここ》から出《で》るの‥‥!! あなたはこんな所《ところ》にいてはいけないわ!!
朔夜《さくや》に言《い》われるがままボクは壬生《みぶ》を飛《と》び出《だ》した‥‥
その年《とし》は‥‥春《はる》の割《わり》に蒸《む》し暑《あつ》くて汗《あせ》ばむほどだったけれど‥‥

朔夜《さくや》の手《て》は
それよりも　もっと
熱《あつ》かったんだ――――……
夕暮《ゆうぐ》れどきの街《まち》は
活気《かっき》にあふれてるわね……
…粛清《しゅくせい》に人里《ひとざと》に
来《く》ることはあっても
人《ひと》の暮《く》らしに触《ふ》れるのは
初《はじ》めてでしょう？
…貧《まず》しいね

先代《せんだい》"紅《あか》の王《おう》"の
言《い》う通《とお》り
富《とみ》も美《び》も知識《ちしき》も
何一《なにひと》つない・・・・
やはり壬生一族《みぶいちぞく》以外《いがい》の
人間達《にんげんたち》にも
先代《せんだい》の"善《ぜん》"なる倖《しあわ》せを
与《あた》えるべきなんだ
・・・京《きょう》
それに・・・・
ほら——
子供《こども》をあそこまで
貶《おとし》める"悪《あく》"がいる・・・・
"悪《あく》"を粛清《しゅくせい》する以外《いがい》
人《ひと》を本当《ほんとう》に倖《しあわ》せにする
ことはできない
・・・・
あ・・・・
見《み》てっ
桜《さくら》・・・・
キレイね・・・・
私《わたし》
桜《さくら》って大好《だいす》き
・・・でも 壬生《みぶ》に桜《さくら》は
ないから 見《み》るのは
何年《なんねん》ぶりかしら・・・・
さぁ
・・・来年《らいねん》も
見《み》れるといいな
・・・・

SAMURAI DEEPER
KYO
キョウ
"紅《あか》い眼《め》"……
……"鬼《おに》"!?

其《その》之二百九十三
「陰《いん》」と「陽《よう》」・拾《じゅう》壱《いち》の太《た》刀《ち》〜桜《さくら》吹雪《ふぶき》のころ

きゃあっ!!
ざあ
…お前《まえ》が鬼眼《おにめ》の狂《きょう》か……
先代に刃向《はむ》かい壬生《みぶ》を出奔《しゅっぽん》した〝鬼《おに》の子《こ》〟……!!
血《ち》の色《いろ》の眼《め》……〝鬼《おに》の眼《め》〟!?
…だったら何《なん》だ…?
…てめえ名前《なまえ》は…?
これが〝鬼《おに》〟……いや…ちがう
ドドドドドドドド
まるで焔《ほのお》——!!

ギラギラする焔《ほのお》‥‥!!
目《め》を逸《そ》らしたら殺《や》られる
‥‥ボクは京《きょう》‥‥
‥‥見据《みす》えろ
その焔《ほのお》ごと飲《の》み込《こ》んでやる——!!
壬生京四郎《みぶきょうしろう》‥‥‥‥!!
「壬生《みぶ》」‥‥だと!?
先代《せんだい》の犬《いぬ》か‥‥!!
最近《さいきん》 人《ひと》の名《な》を騙《かた》って暴《あば》れてるのはテメエか!! きっちり礼《れい》をしてやるぜ!!
そうか‥‥‥

ゴッ
き・・京《きょう》ーーー!!
・・・・
・・・・なぜ よけなかった?
え!?
・・・・余裕《よゆう》でかわせたものを・・・・なぜ わざと喰《く》らったのかと聞《き》いてんだよ
・・・・ボクがよけたら君《きみ》の大太刀《おおだち》が後《うし》ろの桜《さくら》を傷《きず》つける・・・・
・・・・桜《さくら》がかわいそうだし そのせいで来年《らいねん》咲《さ》かなかったりしたら朔夜《さくや》が悲《かな》しむ・・・・
・・・・
ぽっかーん
き・・京《きょう》 あなた・・・・

があっはっはっ
はあ!!
面白《おもしれ》ェ奴《やつ》!!
気《き》に入《い》ったぜ!!
お前《まえ》を殺《ころ》すのは
やめにしておいてやる
ありがたく思《おも》いな!!
…"悪《あく》"!?
何《なに》が"悪《あく》"で
何《なに》が"善《ぜん》"かなんて
てめーの頭《あたま》で考《かんが》えろ
…お前《まえ》のことは
桜《さくら》の代《か》わりに斬《き》るには
おしい漢《おとこ》だと
思《おも》っただけだ
まかといって
下僕にはむかねー
毛色の変わったヤツ
みてえだがな
…なぜ殺《ころ》さない?
鬼眼《おにめ》の狂《きょう》は
誰彼《だれかれ》かまわず斬《き》る
"鬼《おに》"と聞《き》いている
…"悪《あく》"ではないのか?
…鬼眼《おにめ》の狂《きょう》は
先代《せんだい》"紅《あか》の王《おう》"に
逆《さか》らう"鬼《おに》"
"悪《あく》"だと思《おも》って
いたから
あまりに
想像《そうぞう》と掛《か》け離《はな》れて
いたので
わけがわからな
かったけど…
一《ひと》つだけ…
この漢《おとこ》は"悪《あく》"じゃないのかもしれない…
…それから狂《きょう》は
時々《ときどき》 ボクらの元《もと》に
遊《あそ》びに来《き》た
互《たが》いに人目《ひとめ》を忍《しの》ぶ生活《せいかつ》だし
追われる者《鬼眼の狂》とかつての追う者《壬生京四郎》という
不自然極《ふしぜんきわ》まりない関係《かんけい》だったけれど
あの頃《ころ》のボクらには
なぜかそれが自然《しぜん》に思《おも》えるくらい
しっくりとなじんでいた

今年《ことし》は暑《あつ》いわね……
夜風《よかぜ》にあたりにきて正解《せいかい》だったかな
……風《かぜ》が……ホントに気持《きも》ちいい……
……
……暑《あつ》かろーが寒《さむ》かろーが顔色《かおいろ》一《ひと》つ変《か》えねーヤツもいるけどな
……え!?
ひっくひっく
うっく
ずる
ずる
うえっ
ひっくひっく

大変《たいへん》……!!
あの子《こ》
ケガを……
ばっ
スッ
……狂《きょう》!?
ぬ
ぬり
ぬり
き……
京《きょう》……
きゅ
しゅるる
ス…
あ……
お……
お兄《にい》ちゃ……

・・・ありがとお
・・・・京《きょう》?
ザワ
ザワ
・・・・おい
あれは何《なん》だ?
はっ
ザワ
ザワ
ありがとう
ありがとう

よかったねー
どうもなー
ありがとう
ありがとう
ありがとうねぇ
ありがとう
京《きょう》・・・・
なんでも治《なお》しちゃう
お兄《にい》ちゃんの手《て》は
魔法《まほう》の手《て》だね
・・・それに
とってもあったかいんだもんっ

京《きょう》・・・・
あの頃《ころ》と同《おな》じ・・・・
・・・・面白《おもしれ》ェ漢《おとこ》だな
京四郎《きょうしろう》・・・・強《つよ》く生《い》きろ・・・・
・・・・"紅《あか》の王《おう》"
さ・・・・朔夜《さくや》？
ボクは人《ひと》のために生《い》きてもいいでしょうか・・・・
血《ち》で汚《けが》れたこの手《て》でも人《ひと》を助《たす》けることができるでしょうか・・・・
・・・・京《きょう》大好《だいす》き・・・・
このままずっと――・・・

その漢《おとこ》はね すり傷《きず》 切り傷《きず》 くらいなら すぐに 治療《ちりょう》できるって しかも無料《ただ》でさ!!
へぇ〜〜〜 ウチら貧乏人《びんぼうにん》の 味方《みかた》さね!! 奇特《きとく》なお人《ひと》も いるもんだ――
ザ
カタン
ああ すみません 今日《きょう》はもう 店仕舞《みせじまい》で…… でも ご心配《しんぱい》でしょうから 一度《いちど》拝見《はいけん》して……
ぱっ
……何《なに》をしに きた……!!
……「何《なに》をしにきた」 とはまた ごあいさつだねぇ

ぱたぱた
まさか
このまま ずっと
見《み》つからないとでも
思《おも》っていたのかい？
チンメイ――!!
…どうして
ここが――…
そもそも お前《まえ》さん達《たち》
やけにすんなり
壬生《みぶ》から出《で》られたと
思《おも》わなかったのかい？
じゃあ…!?
おとりだよ
あんた達《たち》…というか
朔夜《さくや》である人物《じんぶつ》を
おびき出《だ》すためのね
…ある人物《じんぶつ》!?
その漢《おとこ》は
未来見《さきよみ》の力《ちから》を
断《た》ったため 朔夜《さくや》を
殺《ころ》しにやってくる
そう…
今夜《こんや》にも――…
朔夜《さくや》――!!

朔夜《さくや》……
ザッ
殺《ころ》させたりするもんか……!!
ザザ
ダメ……
ザ
この命《いのち》にかえても絶対《ぜったい》に……
ザザザ
朔夜《さくや》を護《まも》る——!!

ザッ
ヒュッ
まだ
刺客《しかく》が!!
いやああ
兄様《にいさま》ァ――!!
少女《しょうじょ》!?
ビクッ
ザザ
…しまった!!
遅《おそ》かった!!
かすってしまった
……
ばっ

椎名《しいな》・・望《のぞむ》・・・・!?
朔夜《さくや》の兄《にい》さんがなぜここに・・・・!?
・・・これで先代《せんだい》"紅《あか》の王《おう》"の秘密《過去》を知《し》る椎名《しいな》望《のぞむ》は始末《しまつ》できたっと・・・
あんさんらの愛《あい》の逃避行《とうひこう》もお終《しま》い・・・・
かなしー
かなしー
朔夜《さくや》には先代《せんだい》の側《そば》以外《いがい》いていい場所《とこ》なんてないんだよ
見事《みごと》に謀に引《ひ》っかかってくれてご苦労《くろう》だったねえ京四郎《きょうしろう》・・・

──言《い》い訳《わけ》はしない‥‥
‥‥だけど
ボクは────‥
いやあぁぁぁ‥‥
ただ君《きみ》を護《まも》りたかったんだ───‥

SAMURAI DEEPER KYO
キョウ
…めずらしいな
一人《ひとり》か―――…
く…
ひっく…
ひっく
…ひっ
う…
ひっく
…
京四郎《あのヤロウ》が
何《なん》かしたのか？
…う
ひっく
…
ふる
ふる

……信《しん》じて いるの……
ゆ…… 許《ゆる》せないけど…… 絶対《ぜったい》許《ゆる》せないけど それでも京《きょう》を 信《しん》じてる――……
あの人《ひと》が…… 自分《じぶん》の意志《いし》で あんなこと す…するわけな……
でも…… 目《め》の前《まえ》で 兄様《にいさま》を……
ぽろぽろ
……なんとかして あの人《ひと》を自由《じゆう》にして あげたいのに……
私《わたし》 どうしたら――……
京《きょう》……
京《きょう》……!!
ス…
……このままじゃ あの人《ひと》……
〝鬼《おに》〟に戻《もど》って しまう――!!

そうカッカするなよ
四番目《ばんめ》!!
「紅十字《レッドクロス・ナイツ》」の四守護士は
番号《ばんごう》の若《わか》い方《ほう》が
真《しん》の壬生一族《みぶいちぞく》の血肉《ちにく》が多《おお》い……
「死《し》の病《やまい》」だった〝紅の王《三番目》〟は
斃《たお》せても 二番目《ばんめ》のオレは
お前《まえ》じゃ斃《たお》せんよ？
ギンッ
ギン
ギン
……それに
椎名《しいな》 望《のぞむ》をお前《まえ》に
殺《ころ》させたのは
オレじゃない
先代《せんだい》〝紅《あか》の王《おう》〟さ
……!!
逃《に》げたってムダさ……
オレもお前《まえ》も朔夜《さくや》も
しょせん先代《せんだい》〝紅《あか》の王《おう》〟の
掌《てのひら》の上《うえ》で踊《おど》っているだけ
……
刃向《はむ》かうことも
できない……
一生《いっしょう》〝神《かみ》〟の犬《いぬ》さ
……!!
……許《ゆる》さない
許《ゆる》さない……
ギッ

うおおおお!!
絶対《ぜったい》許《ゆる》さない――!!
ひぇ
おーー コワコワ!! ゆーずーのきかない いちず君《くん》は 嫌《きら》われるよ?
そんなに先代《せんだい》を 斃《たお》したいなら 鬼眼《おにめ》の狂《きょう》を 殺《ころ》せばいい
鬼眼《おにめ》の狂《きょう》は覚醒《かくせい》して いないものの 真《しん》の壬生一族《みぶいちぞく》‥‥
お前《まえ》が鬼眼《おにめ》の狂《きょう》を殺《ころ》し 鬼眼《おにめ》の狂《きょう》の躯《からだ》を奪《うば》い 覚醒《かくせい》させ あの躯《からだ》の力《ちから》をもってすれば 先代《せんだい》を斃《たお》せるかもしれない 先代《せんだい》と同調《シンクロ》した朔夜《さくや》の 心《しん》の臓《ぞう》も救《すく》うことが できるかもしれない
‥‥簡単《かんたん》なことだろ? 再《ふたた》び お前《まえ》がかっての 暗殺者《〝鬼神〟》に戻《もど》ればいいだけ のことなんだから
お前《まえ》が鬼眼《おにめ》の狂《きょう》に 成《な》り代《かわ》れば 自由《じゆう》になれるかもさ 望《のぞ》みの仇《かたき》も討《う》てるし 朔夜《さくや》も救《すく》えるかもだし
これですべて ハッピーハッピーだろ? まあ せいぜい頑張《がんば》んな!!
Bye

…かつての暗殺者《鬼神》に戻《もど》る…
狂《きょう》を斃《たお》し
軀《からだ》を手《て》に入《い》れれば
先代《せんだい》を斃《たお》し
朔夜《さくや》を救《すく》えるかもしれない…
はっ
ドドッ
…ボ…ボクはなんてことを考《かんが》えてるんだ…
狂《きょう》はボクの大切《たいせつ》な友人《ゆうじん》…
その狂《きょう》を手《て》にかけるなんて――
そんなことできるはずが――…
SAMURAI DEEPER
KYO
キョウ
其《そ》之《の》二百九十四
「陰《いん》」と「陽《よう》」・拾《じゅう》弐《に》の太《た》刀《ち》
～独《ひと》りきりの闘《たたか》い～

・・・詫《わ》びよう朔夜《さくや》に
許《ゆる》してくれないだろうけど
何度《なんど》でも・・・
そして狂《きょう》に朔夜《さくや》を
護《まも》ってもらおう・・・
・・・もうボクの手《て》では
護《まも》ってあげられないから
朔夜《さくや》・・・・・!!
京《きょう》・・・・
狂《きょう》に話《はな》したの!?
どうして自分《じぶん》から犠牲《ぎせい》になろうとするの!?
ボクは朔夜《さくや》に生《い》きていてほしいのに・・・!!

京四郎《きょうしろう》を自由《じゆう》にしてあげたい‥‥
あなたが私《わたし》を斬《き》れば私《わたし》ごと先代《せんだい》を斃《たお》せるかも‥‥!!
私《わたし》
‥‥オレは先代《ヤ》〝紅の王《ツ》〟を斃《たお》す‥‥
ど‥どうして!? 狂《きょう》!! 〝約束《やくそく》〟したじゃないか!! どんなことからも二人《ふたり》で朔夜《さくや》を護《まも》るって‥‥
‥‥狂《きょう》
せ‥先代《せんだい》〝紅《あか》の王《おう》〟を斬《き》るって‥ それって今《いま》の君《きみ》の力《ちから》じゃ先代《せんだい》の心《しん》の臓《ぞう》と同調《シンクロ》している朔夜《さくや》を斬《き》るってボクには聞《き》こえるよ‥!?

…今《いま》のオレの力《ちから》？ 何言《なにい》ってんだか知《し》らねえが それでもオレは
先代〃紅の王〃《ヤツ》を斬《き》る それが朔夜《さくや》を斬《き》る…… と聞《き》こえるのなら それでもいい……
…だったらボクが 朔夜《さくや》を護《まも》る…!!
狂《きょう》が朔夜《さくや》を犠牲《ぎせい》にしてでも 先代《あの人》を斬《き》るというのなら
ボクが狂《きょう》 君《きみ》を斬《き》る!!
ボ……
ボクが…… 朔夜《さくや》を 追《お》いつめたんだ ……
や…やめて 京《きょう》……
…ボクには!! 朔夜《さくや》を護《まも》る力《ちから》も 資格《しかく》もないから!! 君《きみ》に朔夜《さくや》を護《まも》って ほしかったのに ……!!
……
君《きみ》には それができる のに……!!
ボクには… ボクにはどんなに 望《のぞ》んだって 無理《むり》なのに——!!
信《しん》じてた のに…
なぜ——!?
てめーみてーな ガキに語《かた》る言葉《ことば》なんざ ねーよ…
文句《もんく》があるなら かかってこいや ……!!

あ…お兄《にい》ちゃんだ!!
お兄《にい》ちゃん この前《まえ》はありがとう!! キズ治《なお》ったよ――
たったったっ
…? お兄《にい》ちゃん?
ひょこ
ねえ…
たったっ
ぎゅ
どうしたの?
ひぇ…
…"鬼《おに》"が
"鬼《おに》"がいたよ――!!
うあぁあ
…もうボクは迷《まよ》わない――…
しょせんは追《お》う者《もの》と追《お》われる者《もの》
チャキ
ボクらは闘《たたか》う運命《うんめい》だったんだ…

きゅ
ス…
ゴホ
ゴホ
……ボクも「死《し》の病《やまい》」に……
命《いのち》が終《お》わる前《まえ》に
朔夜《さくや》のため
この世《よ》の人々《ひとびと》のため
先代《せんだい》を斃《たお》したい……
簡単《かんたん》なことさ
昔《むかし》に戻《もど》ればいい……
よく
来《き》たな……
逃《に》げなかっただけ
ほめてやんぜ
最強の〝鬼神〟《闇の暗殺者》と
畏《おそ》れられた
あの頃《ころ》に――……
ザザッ
ザザッ
ザザッ
ザザッ
……狂《きょう》
狂《きょう》を……
君《きみ》の軀《からだ》は
ボクが
もらう!!
殺《ころ》す――……

ザッ
チッ
……!!
ドッ
くっ!!
ザッ
……朔夜《さくや》
ボクは最近《さいきん》ね
"夢《ゆめ》"を描《えが》くんだ
このままずっと三人《さんにん》で
春《はる》も夏《なつ》も秋《あき》も冬《ふゆ》も
そしてまた春《はる》も……
ずっとこのままでいられたら……
そして朔夜《さくや》を この手《て》で
倖《しあわ》せにすることが
できたらって———…

うおおおお
……しょせん
ムリな話《はなし》だつたんだ……
血染《ちぞ》めの この手《て》で
〝夢《ゆめ》〟を描《えが》くなんて
ことは――……

ねえ 狂《きょう》
……狂《きょう》といると なぜか子供《こども》の頃《ころ》のこと 思《おも》い出《だ》すんだよね
……あ!?
お互《たが》い 昔《むかし》を 知《し》らないのに まるで いつも昔《むかし》から一緒《いっしょ》に いたような そんなカンジがして
……ホッとする
……何《なに》が いいたい?
え!? わかんない? だから その……
つまり!! 狂《きょう》が子供《こども》だから 一緒《いっしょ》にいて 楽《らく》ってコト!!
ムキャ
わ――!!

ボクらは特別《とくべつ》な関係《かんけい》だから当《あ》てはまる言葉《ことば》を見《み》つけるのは　とてもムズかしいんだけど
もしかしたら人《ひと》は……
こういうのを〝親友《とも》〟って呼《よ》ぶのかもしれないね——……
サアァァ…

……む
昔《むかし》になんて もどれるワケない じゃないか……
もう誰《だれ》も 斬《き》れない……
斬《き》りたくない ——……
……ボクには もう……
人《ひと》を——……
君《きみ》を斬《き》ることなんて できない——!!

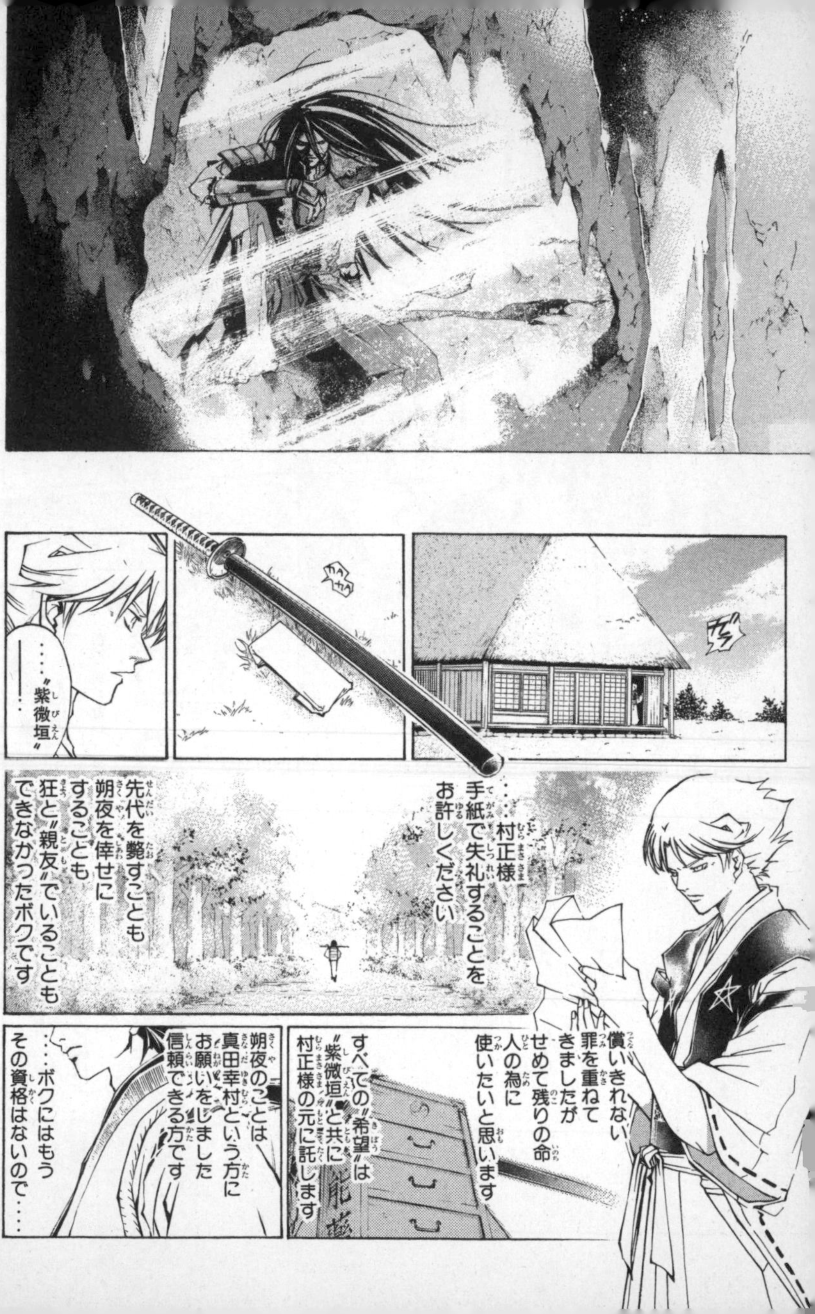
……"紫微垣《しびえん》"……
……村正様《むらまささま》
手紙《てがみ》で失礼《しつれい》することを
お許《ゆる》しください
先代《せんだい》を斃《たお》すことも
朔夜《さくや》を倖《しあわ》せに
することも
狂《きょう》と"親友《とも》"でいることも
できなかったボクです
償《つぐな》いきれない
罪《つみ》を重《かさ》ねて
きましたが
せめて残《のこ》りの命《いのち》
人《ひと》の為《ため》に
使《つか》いたいと思《おも》います
すべての"希望《きぼう》"は
"紫微垣《しびえん》"と共《とも》に
村正様《むらまささま》の元《もと》に託《たく》します
朔夜《さくや》のことは
真田幸村《さなだゆきむら》という方《かた》に
お願《ねが》いをしました
信頼《しんらい》できる方《かた》です
……ボクにはもう
その資格《しかく》はないので……

今《いま》のボクと狂《きょう》は
わかりあえることは
ないのかも
知《し》れませんが
もしもこの先《さき》 本当《ほんとう》に
〝希望《きぼう》〟というものが
あるとしたら・・・・
それは いつの日《ひ》か
ボク達《たち》が――・・
ぼたっ
ど・・・・

どれだけつらい思《おも》いしとんねん京四郎《きょうしろう》はん・・・・
ひっ
ひっ
な・・なんであんさんばっかりこんな思《おも》いをせなあかんのや――――・・・・
・・・・京四郎《きょうしろう》・・・・
だからあなたはいつも
必死《ひっし》に人助《ひとだす》けをしながら
・・・桜《さくら》を見《み》るとね昔《むかし》のこと思《おも》い出《だ》すんです・・・・
切《せつ》ない表情《かお》で桜《さくら》を見《み》ていた・・・・
決《けっ》して戻《もど》れない昔《むかし》を懐《なつ》かしみながら
誰《だれ》よりも悲《かな》しい笑顔《えがお》をしながら――――・・・
・・・・それでも・・・・それでも京四郎《きょうしろう》さんは戻《もど》ってきたんだよ
ボクらの前《まえ》に・・・・・・!!

たとえ誰《だれ》を
敵《てき》にまわしても
誰《だれ》に責《せ》められ
信《しん》じてもらえなくても
戻《もど》ってきたんだ
あなたが朔夜《さくや》やほかの人達《ひとたち》を傷《きず》つけるというのならボクは再《ふたた》び"鬼神《きしん》"となろう‥‥
ゆやさんを護《まも》って‥‥!!
先代《せんだい》との"約束《やくそく》"でねこの鑰はボクが預かる返《かえ》してほしくばとりにこい
かかってきなよ!!ボクに四年前《ねんまえ》のあの迷《まよ》いはない——!!
狂《きょう》さんを ゆやさんを
朔夜《さくや》さんを そして
ボクらを護《まも》るために‥‥
そして
狂《きょう》さんにすべてを
託《たく》すため闘《たたか》ったんだ
たった独《ひと》りで——‥
京四郎《きょうしろう》‥‥
怖《こわ》いですか? かつて"鬼神《きしん》"と呼《よ》ばれたこのボクが‥‥
でも‥‥こんなボクをゆやさんはずっと信《しん》じていてくれた
ボクはすごくうれしかったんです‥‥
さ‥‥

京四郎《きょうしろう》――!!
うれしかったんです――…
き…
京四郎《きょうしろう》はん…!?
あぁ…
「死《し》の病《やまい》」で…体《からだ》の崩壊《ほうかい》が始《はじ》まった!!?

SAMURAI DEEPER
KYO
キョウ
其之《その》二百九十五
「陰《いん》」と「陽《よう》」・拾参《じゅうさん》の太刀《たち》
〜〝神《かみ》の力《ちから》〟
京四郎《きょうしろう》はんの体《からだ》が‥‥「死《し》の病《やまい》」のせいで崩壊《ほうかい》し始《はじ》めた——!?
京四郎《きょうしろう》はん!!
さあぁ

き‥‥
京《きょう》四《し》郎《ろう》はん!!
さぁぁ‥
京《きょう》四《し》郎《ろう》さん‥‥!!
お‥‥おい‥‥しっかりしろよ‥‥!!
い‥いや京《きょう》四《し》郎《ろう》‥‥
こんなのイヤよ‥‥ま‥まさか‥‥
あれは‥‥サヨナラのつもりだったの!?
そんなのイヤ——‥‥!!
はっ
ざっ
あ‥‥灯《あかり》——!?
も‥もうこんなのたくさんだ‥‥!!
人《ひと》が人《ひと》の為《ため》に死《し》ぬなんてもう‥‥
カラ。

う‥‥
ずる
あ‥‥灯《あかり》はん‥‥!!
ムチャだぜ!! これ以上《いじょう》生気《せいき》を放出《ほうしゅつ》したら お前《まえ》が死《し》ぬぞ!?
そうですよ!! あなたが死《し》んだら誰《だれ》がひしぎの研究《けんきゅう》をひき継《つ》ぐんですか!?
で‥‥
でも‥‥
このままじゃ京四郎《きょうしろう》が——!!
な‥‥!?
ち‥‥血迷《ちま》ったんか 狂《きょう》はん‥‥!?
まさか京四郎《きょうしろう》はんを一思《ひとおも》いに‥‥!?
や‥‥やめやあ——!!

……え!?
な……
なんだ
この光《ひかり》は――!?
……ふざけんな

オレ達《たち》の勝負《ケリ》はまだついてねえ………
テメーだけいいカッコして死《し》のうなんざウゼェんだよ
……あ!?
み……見《み》ろ……!!
壬生京四郎《みぶきょうしろう》の体《からだ》の崩壊《ほうかい》が……止《と》まってるぜ!!
き…狂《きょう》が京四郎《きょうしろう》を助《たす》けた……!?
お……おい!!
オレ達《たち》のキズも治《なお》ってやがるぜ!!

で…でかいキズは 時間《じかん》がかかり そうだけど 細《こま》かいキズは 完治《かんち》している……
な!? なんて力《ちから》だ……
創造主《真の壬生一族》として 創られし者《壬生京四郎》の 「死《し》の病《やまい》」からくる 体《からだ》の崩壊《ほうかい》を一時的《いちじてき》にしろ 止《と》めただけでなく
シャーマンの何倍《なんばい》もの 再生能力《さいせいのうりょく》までも もっているのか……!? ……これが……
これが あらゆる力《ちから》を手《て》にする 真《しん》の壬生《みぶ》一族《いちぞく》の力《ちから》……
〃神《かみ》〃の力《ちから》ーー!!
ありがとな 狂《きょう》はん!! メッチャすごいわ ーー!!
わー
ホント びっくりだぜ
真《しん》の壬生一族《みぶいちぞく》って ホント 神《かみ》 みてーだなっ!!
これで少《すこ》しは まともに歩《ある》ける ようになれば いいんですが
……
……
狂《きょう》さん……

う……
ムク
ん……
あ……アレ？
京四郎《きょうしろう》はーーん!!
ボ・・ボクはなんでーーー・・
・・・・君《きみ》が助《たす》けてくれたのか・・・・？

ゴッ
ドゴァ
き・・狂《きょう》はん!?
何《なに》を・・・・
みんなのため!?
オレを高《たか》みにのぼらせるためだあ!?
・・・・何様《なにさま》のつもりだてめえ・・・・
けっきょくてめえは
四年前《ねんまえ》から何一《なにひと》つ
かわっちゃいねえ・・・・
人《ひと》のお膳立《ぜんだ》てする前《まえ》に
一番《いちばん》やらなきゃなんねー
ことがあるはずなのに
何《なに》が「あとは頼《たの》む」だ
テメーが一番《いちばん》
自分勝手《じぶんかって》なんだよ!!
・・・・勝手《かって》な
もんか・・・・

先代《せんだい》を斃《たお》すことも ゆやさんを救《すく》い出《だ》し みんなを護《まも》ることも ……朔夜《さくや》を護《まも》ることも ボクにはできない…… 資格《しかく》もないんだよ……!!
君《きみ》にしか できないこと なんだよ……!!
……京四郎《きょうしろう》さん
じゃあ この女《おんな》の気持《きも》ちは どうなるんだ
京《きょう》を…… あの人《ひと》を 自由《じゆう》にして あげたい……
京《きょう》……
護《まも》る資格《しかく》が あるかないかなんて テメーで勝手《かって》に 決《き》めつけてんじゃ ねーよ
狂《きょう》……
さ…朔夜《さくや》が ……?
……だってボクは とり返《かえ》しの つかないことを……
……
その前《まえ》に この女《おんな》が 誰《だれ》の側《そば》にいたいのか 考《かんが》えろ……!!

・・・あれから何度《なんど》か季節《きせつ》が巡《めぐ》って・・・・
桜《さくら》も何度《なんど》か咲《さ》いて・・・・そのたび色《いろ》んなコトを考《かんが》えて・・・・
悲《かな》しんだり後悔《こうかい》したり懐《なつ》かしんだり・・・・
・・・・でもいつも必《かなら》ず最後《さいご》に。思《おも》うのは・・・・
となりに・・・・京四郎《きょうしろう》がいたらなあって・・・・
さ・・・・朔夜《さくや》・・・・
ゆ・・許《ゆる》してくれるの？このボクを・・・・？どうしてそんなにやさしいの・・・・？
ボクの手《て》は血《ち》で汚《けが》れて・・・・とり返《かえ》しのつかないことを・・・・
きゅ‥

一緒《いっしょ》に……あなたの進《すす》む道《みち》をついていってもいいですか？
わっ!!だめだよ汚《よご》れちゃう!!
……一緒《いっしょ》にアリさんの道《みち》作《つく》ってもいい……？
……ああそうか……
怖《こわ》がって朔夜《さくや》の気持《きも》ちを考《かんが》えようとしなかったのは
このボクだ
たとえ何《なに》が起《お》ころうと朔夜《さくや》だけはあの時《とき》から何一《なにひと》つ変《か》わらずに
ずっとずっとやさしかったんだね——…
……うんっ
朔夜《さくや》さん……
ゆやさん……どうか京四郎に……
あの山桜《やまざくら》をあなたともう一度《いちど》見《み》たかったと伝《つた》えてください
京四郎《きょうしろう》さん……
……朔夜には倖《しあわ》せになってほしいんです誰《だれ》よりも……
……もしボクがそうしてあげられたらいいな……なんて
よかったね……
狂《きょう》……

君《きみ》が留《とど》めてくれた
この命《いのち》……
残《のこ》された時間《じかん》
必《かなら》ず朔夜《さくや》を護《まも》るよ
その側《そば》で……
……狂《きょう》…… ありがとう
……しらねーよ
……
……
……言《い》わなくていい本当《ほんとう》もあるんだよ
そういうやさしさも……
そして月日《つきひ》が
その本当《ほんとう》の気持《きも》ちを
変《か》えていくことも……
サスケにはまだムズかしいかもしれないけど
なあ 幸村《ゆきむら》 いいのかよ アレで
昔《むかし》の鬼眼《おにめ》の狂《きょう》の
本当《ほんとう》の気持《きも》ちは
朔夜《さくや》のコト……
わ――!!
ばっ
……はんはよ《(何《なん》だよ)》？
わかるぞ!! オレだって そのくらい!!
お!! さすが サスケ 大人《おとな》だな～～

話《はなし》はすんだ‥‥‥
さあ続《つづ》きだ
今度《こんど》こそしっかり
勝負《ケリ》をつけてやるぜ
‥‥へ!?
あれで勝負《ケリ》がついたなんて言《い》わせねえ‥‥
勝《か》つのはオレだ!!
え‥えーと‥‥その‥‥
ああ!! そっか――!!
最後《さいご》の最後《さいご》で二人《ふたり》の体《からだ》が元《もと》に戻《もど》っちゃったから勝敗《しょうはい》はまだついてないんだっけ!!
で‥でも狂《きょう》今《いま》はそんなコトしてるヒマは‥‥
‥‥‥ああ!?
そんなコトだと!?
せ‥せっかく軀《からだ》も戻《もど》ったんだしやることもあるし‥‥
そ‥そーやで狂《きょう》はん!!
京四郎《きょうしろう》はんは狂《きょう》はんの中《なか》ですべてを見《み》とったんや!!
もう刀《かたな》で語《かた》り合《あ》う必要《ひつよう》もないやろ!?
‥‥すべてを見《み》てた‥‥
ピク
そ‥そうそう!!
そうやって狂《きょう》の成長《せいちょう》ぶりや心境《しんきょう》の変化《へんか》を感《かん》じて時《とき》には助《たす》けに出《で》るタイミングを‥‥って
トラさんナイス~~~
ゴゴゴゴ
‥‥ん?

人《ひと》の動向《どうこう》コソコソのぞいてんじゃねえ——!!
ゴギャ
ぎゃ
サスケ君《くん》が一緒《いっしょ》に寝《ね》てたクマたんのぬいぐるみ未《いま》だに捨《す》てられないとか
トラの頭《あたま》に10円《えん》ハゲがあるとか
梵《ぼん》が実《じつ》は少女《しょうじょ》マンガ好《ず》きだとか
アキラがまたどピーだって
ヒミツをすべて知《し》られるようなもんだよね・・・・
それはキツイな・・・・
しかたないだろボクが表に出ると狂の魂が消えちゃうカンジだったんだから
ゴィ
ゴヌ
・・・・そうだねえ
す・・すべて見《み》られた・・・・
どんな気持《きも》ちだろうな
・・・・って何《なに》バラしてんだ灯吉郎《とうきちろう》ォ!!
へえ!!アキラ君《くん》ってへえ!!
京四郎《きょうしろう》・・・・うらやましすぎる
狂のヒミツたくさん知ってるなんて・・・・
・・・・殺《ころ》す!!
な・・なりゆきなんだからしょうがないじゃないかあ!!
で・・でもそんなコトいったら狂《きょう》だって・・・・
・・・・でも灯《あか》たんには逆《さか》らえない面々《めんめん》
ねえ間《あいだ》に
は女《おんな》の体《からだ》に
たかよ
ボ・・ボクの体《からだ》でゆやさんにいっぱいH《エッチ》なコトしたじゃないか——!!
きゃあ!!
ぷるん
おとなしく黙《だま》ってろ
ばっ
さ
!!
もみ
ぜんぜん成長《せいちょう》してねえじゃねえか
どーーん

……え!?
…でもさあ魂《たましい》の狂《きょう》さんのやったことでも体《からだ》は京四郎《きょうしろう》さんのだったわけだし
しかもそれを京四郎《きょうしろう》さんも感《かん》じとってたワケで…
つまりアレを京四郎《きょうしろう》も味《あじ》わったっっつ――コトかあ……!?
※注・妄想《もうそう》のため実際《じっさい》と多少《たしょう》異なりますが気にしないように
いーなー♡
むー
いやあ……ボクは……これっっっっぽっちもそんなコトしたくなかったんだけどな……
大混乱
ちょ……何《なに》よそれ……!!
何《なに》ワケわかんないコトそんなコトしてな……
ぼっ
安心《あんしん》しろチンクシャ
次《つぎ》はオレ様《さま》のこの本物《ほんもの》の躯《からだ》でもっとすげえコトしてやるからありがたく思《おも》え!!

ダ…
させるか ボケェ!!!!
こわい……!! 強《つよ》い……!! ワニックビーム!?
もう狂なんか しらない!! バカ!! エロ魔人《まじん》!!
……な…なんで ボクまで……
ゆ…ゆやさん 一《ひと》つ教《おし》えて あげる
狂《きょう》って Hなコトしたり 「チンクシャ」 なんて呼《よ》んで ゆやさんのコト いじめるけど
この前《まえ》 「ゆや」って叫《さけ》んだの ボクじゃなくて 狂《きょう》ですよ——
ゆやあああ
ホラ 気《き》になる子《こ》は いじめたくなっちゃうって ヤツ? 狂《きょう》って 頭《あたま》の中《なか》は三歳児《さいじ》だから……
かあっ
……え?
プッ
……って キャ———!!
真の"紅き眼"!?
ゴゴゴゴ

ズガァ
殺す!!
わーウウウ
四歳児のまちがいだったよー
…まるで子供《ガキ》のケンカだな
あんなコミカルな狂初めてみるぞ
…よかった
ああ!?
…昔《むかし》からあんなんだったのか? あの二人《ふたり》…
そうかい?
二人《ふたり》がまた昔《むかし》みたいな関係《かんけい》に戻《もど》れるなんて…
…でも意外《いがい》でした
狂《きょう》が… あの不器用《ぶきよう》で口下手《くちべた》な狂《きょう》があんなコト言《い》うなんて…
譲る資格があるかないかなんてテメーで勝手に決めつけてんじゃねーよ
その前に この女が誰の側にいたいのか考えろ…!!
狂《きょう》にもそんなコトを真剣《しんけん》に考《かんが》える女《ヒト》ができたからかな?
クス
そしてきっと見《み》つけたのね
かけがえのない〝きずな〟を――…

な‥‥!?
な‥なんだ!?
この重苦《おもくる》しく
体《からだ》にまとわりついて
くるモノは‥‥
‥‥〝気《き》〟‥‥!?
〝邪気《じゃき》〟‥‥か!?
み‥身動《みうご》きが
とれん‥‥!!
‥‥くっ!!
これは!?
おおお

おおぉ…
……やあ なかなか楽《たの》しい 会話《かいわ》だねえ
聞《き》いていた こっちも 楽《たの》しくなって しまったよ……
し…ってる…… 私《わたし》…しってる……
は……あ……
この…… おぞましい モノは——……
あ……あ……
おおお
おお

おおお
……私《わたし》もまぜてもらおうかなあ……？

友《とも》が多《おお》いことはいいことだ人《ひと》を信《しん》じることも命《いのち》懸《が》けの信念《しんねん》も希望《きぼう》を持《も》つことも
とても倖《しあわ》せなこと楽《たの》しい思《おも》い出《で》になる
ぐぐ…
…ただ一《ひと》つだけ君達《きみたち》は罪《つみ》を犯《おか》した
神《かみ》の意《い》に背《そむ》くという罪《つみ》を…
だから与《あた》えなくてはならない…
SAMURAI DEEPER KYO

罰《ばつ》を

なんて邪悪《じゃあく》な光《ひかり》……
でも……
……キレイ

な…なんや この光《ひかり》は…!?
な…なんだ コレは…!?
先代《せんだい》"紅《あか》の王《おう》"の血《ち》…!?
…見《み》ろ!!
ズズズ…
ズズズ…
ズズズ…
血《ち》が…形《かたち》を変《か》えて…
へ…兵士《へいし》になった——!?
ズズズ…
…この世界《せかい》に我《わ》が光届《ひかりとど》かぬ場所《ところ》なし…
この世界《せかい》に我《わ》が意《い》にそぐわぬものなし…
…そぐわぬものには…

SAMURAI DEEPER
KYO
キョウ
其《そ》之《の》二百九十六
太極《たいきよく》の神《かみ》・壱《いち》の太刀《たち》～罰《ばつ》

死《し》を!!

く……!!
……動《うご》けない!?
な…なんなんだ
こいつら……
なんかメッチャ
ヤバイ気《き》が……
うわ――!!
ゴォ
みんなに
手出《てだ》しは
させない……!!

……京四郎《きょうしろう》!!
ずる…
じ…呪縛《じゅばく》が解《と》けた……!?
ずるる
ズズズ…
み…見《み》ろ!? こいつら……
復活《ふっかつ》した!!
ズズズ…
い…いったい何《なん》なんだ……!?
…禁軍!?
……血《ち》です
え!?
真《しん》の壬生一族《みぶいちぞく》の先代《せんだい》の血《ち》…… それを具現化《ぐげんか》した命《いのち》なき兵士《へいし》…… 意志《いし》を持《も》たず 感情《かんじょう》を持《も》たず…… まさに先代《せんだい》の手足《てあし》といっていい存在《そんざい》です
対抗《たいこう》できるのは 同《おな》じ血《ち》をもつ狂《きょう》かボク そして妖刀《ようとう》・村正《むらまさ》くらい……

ぐ・・・・・!!
き・・・・京四郎《きょうしろう》はん!?
こ・・これは・・・・当代《レッドクロスナイツの三番目》"紅の王"の動《うご》きと闘気《とうき》を封印《ふういん》していた先代《せんだい》の呪縛《じゅばく》・・・・!!
ゴオ
・・・お前《まえ》はもう"神《かみ》の子《こ》"を名乗《なの》るに値《あたい》しないね
オオ
あれは・・・・
吹雪《ふぶき》を貫《つらぬ》いたのと同《おな》じ光《ひかり》の矢《や》───!!
オ
き・・・・京《きょう》───!!

狂《きょう》……!!
あ…あの光《ひかり》の矢《や》を素手《すで》で受《う》け止《と》めやがった……!!
す……すげえ……
狂《きょう》……
……てめえは
〃鬼〃

てめえだけは必《かなら》ずブッ斃《たお》す!!
・・・面白《おもしろ》いことを言《い》うね・・・

・・・・狂《きょう》!!
ぐいっ
きゃあ!!
ビュオ
ち…ちがうわ!! 私《わたし》は未来見《さきよみ》なんかできな……
・・・・でも この未来《みらい》は 私《わし》のものだよ?
チンクシャ――!!

まってろ
すぐに行《い》く
……うんっ
ス
……そうそう そっちの女《おんな》は もう いらないかな？
う…う……
さ…… 朔夜《さくや》……!!

……すぐに殺《ころ》しはしない 仮《かり》にも心《しん》の臓《ぞう》を同調《シンクロ》させていた女《おんな》だからね 死《し》ぬまでの苦《くる》しみをたっぷりと感《かん》じさせてあげよう
せ…先代《せんだい》……
くそ……
やめろ……!!
やめろ——!!
大切《たいせつ》なものが多《おお》いのは良《よ》いことだが守《まも》るのは大変《たいへん》だ
……ほら よそ見《み》をしていると危《あぶ》ないよ?
ほ……
ほたるさん達《たち》が——!!

アキラ!!
梵天《ぼんてん》丸《まる》!!
灯《あかり》・・・・・!!
ここは私《わたし》らにまかせなっ!!
たとえ この先代《せんだい》の血《ち》の兵士達《へいしたち》を斃《たお》せずとも ほたる達《たち》を護《まも》ることくらいならできます!!
アキラ!! あんさん何言《なにい》うとんねん!! 梵《ぼん》はん達《たち》はまだしもあんさんはもう闘《たたか》える体《からだ》じゃ・・・・
護《まも》りたいんです!!
・・・・失《うしな》いたくないんです・・・・もう誰一人《だれひとり》
壬生《ここ》で・・・・生《う》まれて初《はじ》めて見《み》つけた気《き》がするんです 命《いのち》を懸《か》けて護《まも》りたいものを・・・・
だから行《い》ってください!! あなた方《がた》も護《まも》りたいもののために・・・・!!

わいらの…‥
護《まも》りたいもの…‥
元々《もともと》狂《きょう》のサポートは四聖天《オレ達》の役目《やくめ》…‥壬生一族《こいつら》と朔夜《さくや》はオレ達《たち》が護《まも》る
だから妖刀《ようとう》・村正《むらまさ》を持《も》つトラ・幸村《ゆきむら》・サスケは狂《きょう》のために道《みち》を開《ひら》いてやってくれや!!
京四郎《きょうしろう》狂《きょう》を頼《たの》むよ!!助《たす》けてやれんのはあんたも同《おな》じだ
そして…‥ゆやちゃんを必《かなら》ず救《すく》っておくれね!!
ぼ…‥梵《ぼん》ちゃん…‥
…‥はいっ!!
…‥朔夜《さくや》ちょっと行《い》ってくるね
ザッ
今度《こんど》こそ必《かなら》ず君《きみ》を自由《じゆう》にしてみせるからもう少《すこ》しだけガマンしてて…‥!!
…‥京四郎《きょうしろう》
…‥
狂《きょう》…‥必《かなら》ず先代《せんだい》を斃《たお》して戻《もど》ってきてください…‥今《いま》はムリですが

……もう あなたの次《つぎ》に強《つよ》い漢《おとこ》を目指《めざ》すなんて言《い》いません……
いつか必《かなら》ずキズを完治《かんち》させ今《いま》よりはるかに強《つよ》くなって
あなたを超《こ》えてみせます!! あなたに勝《か》って!! だから無事《ぶじ》に戻《もど》ってきてくださいね
ア……アキラさん……
カッコイイ……
まいったなライバルが増えちゃったよ
強ェ奴《つえやつ》
狂《きょう》はんには最高《さいこう》のエールやな
……面白《おもしれ》ェ
首洗《くびあら》って まってろよ 必《かなら》ず戻《もど》って死合《しあ》ってやんぜ
だからアキラおめーも死《し》ぬんじゃねーぞ!?
さあ!! 行《い》ってこい 総大将《そうだいしょう》!!
狂《きょう》! ゆやちゃんを連《つ》れて全員《ぜんいん》で生《い》きて帰《かえ》るんだよ!!
……狂《きょう》さん
鬼眼《おにめ》の狂《きょう》……
狂《きょう》はん!!
……行《い》こう 狂《きょう》……!!

……ああ
うおおおお!!
大切《たいせつ》なものを
護《まも》るために
生《い》きて
帰《かえ》るために

うおおおお!!
先《せん》代《だい》〝紅《あか》の王《おう》〟を斃《たお》す――…!!

ゴォーン
SAMURAI DEEPER
Kキョ Yウ O
ゴォーン
ゴォ
こ…こいつら
先代《せんだい》が生《う》んだ
血《ち》の兵士《へいし》か
……!?
いや…… 壬生《みぶ》だけ
じゃねーよ……
見《み》ろ———…
いったい なんで
こんなことを……
壬生《みぶ》を滅《ほろ》ぼす
つもりかよ!?
あの邪悪《じゃあく》な光《ひかり》が当《あ》たる
至《いた》るところから
この兵士達《へいしたち》は現《あらわ》れ
そして……
ゴォン

まっすぐ"外《そと》"の世界《せかい》を
目指《めざ》してねえか!?
コイツら《血の兵士達》が
壬生《みぶ》の外《そと》に出《で》たら……
この世《よ》の終《お》わりだぞ――!?
"鬼《おに》の子《こ》"……
秀忠殿《ひでただどの》……
助《たす》けて……
幸村《キレイな》お兄《にい》ちゃん……!!
あ…灯《あかり》さん!!
ゆやさん……!!
助《たす》けて……
アキラ……
秀忠様《ひでただきま》……
猿飛《さるとび》……
……狂《きょう》!!
助《たす》けて――!!

おぉおぉおぉ
く…くそ……!!
きりがないね!!
なんとか
もちこたえ
るんだ!!
ハァ
ハァ
……
あいつらが
ハァ
狂達《きょうたち》が
先代《せんだい》〝紅《あか》の王《おう》〟を
斃《たお》すまで――!!
世界《せかい》は
浄化《じょうか》されて
いく
私《わたし》は新《あたら》しい
未来《みらい》を手《て》に
入《い》れる・・・・

SAMURAI DEEPER KYO キョウ
さあ……未来見《さきよみ》の巫女《みこ》椎名《しいな》ゆやよ……
私《わたし》にこの世界《せかい》が辿《たど》る未来《さき》を伝《つた》えよ……
其之《その》二百九十七
太極《たいきょく》の神《かみ》・弐《に》の太刀《たち》～
この世《よ》の終《お》わりの始《はじ》まり

だ……だから……私《わたし》には未来見《さきよみ》の力《ちから》なんてない……
……ないの……!!
そんなはずはない…… 君《きみ》には光《ひかり》を感《かん》じるよ? 未来見《さきよみ》の巫女《みこ》 朔夜《さくや》と同《おな》じ光《ひかり》を……
希望《きぼう》なき闇夜《世界》を照《て》らす唯一《ゆいいつ》の光《未来見》……
……帰《かえ》して
私《わたし》を狂《きょう》の……みんなの所《とこ》へ……
……すぐにその気《き》はなくなるさ……
……ごらん
君《きみ》の望《のぞ》むものはすべて与《あた》えよう……
……その服《ふく》も良《よ》く似合《にあ》ってはいるが他《ほか》に何《なに》がほしい? さあ 言《い》ってごらん?

こんなもの……何《なに》もいらない……!!
私《わたし》の望《のぞ》みは一《ひと》つだけ……早《はや》く帰《かえ》して……狂《きょう》の所《ところ》へ――!!
ドオ
ス
ガラ ガラ
そんなウソはやめて素直《すなお》になるといい……人《ひと》は貪欲《どんよく》で醜《みにく》いものだ……
……それに抵抗《ていこう》してもムダだよ?君《きみ》の心《しん》の臓《ぞう》は私《わたし》のと同調《シンクロ》させている……私《わたし》が不要《ふよう》としない限《かぎ》りこれから無限《むげん》に近《ちか》い刻《とき》を一緒《いっしょ》に過《す》ごすんだ……
ひっ!!
ス
フワッ

さあ見ろ《読め》……
未来《さき》を……
ドガァ
な……あ……
がっ
がっ
……ずいぶんと早《はや》かったね

狂《きょう》・・・・

き・・狂《きょう》!!
みんな・・・・!!
・・・とうとう
ここまできたか・・・・
思《おも》ったより早《はや》かったな
これもすべて
ここまで共《とも》に
やって来《き》た戦友達《ともたち》の
おかげかな?
・・・・だが
その努力《どりょく》も
すぐにムダとわかる
・・・・なぜなら

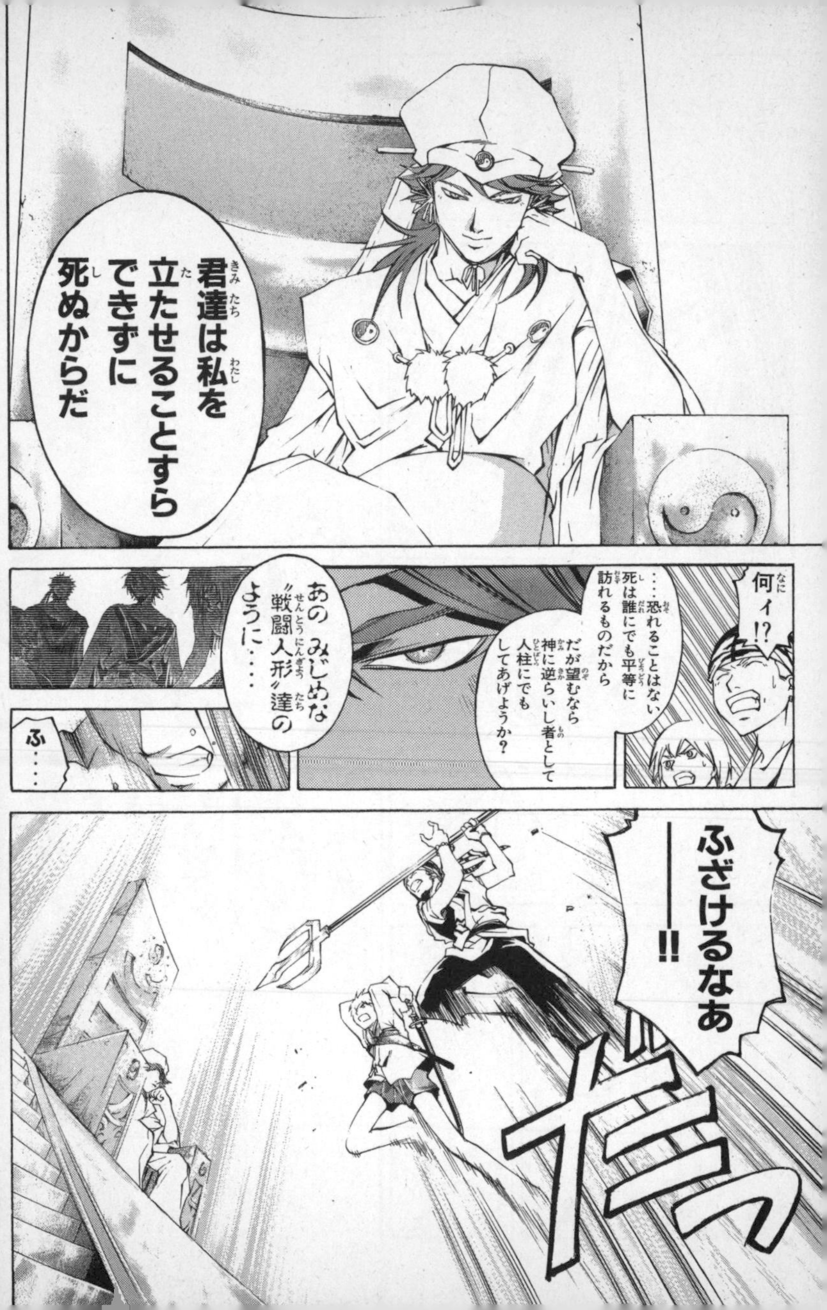
君達《きみたち》は私《わたし》を立《た》たせることすらできずに死《し》ぬからだ
何《なに》ィ!?
…恐《おそ》れることはない 死《し》は誰《だれ》にでも平等《びょうどう》に訪《おとず》れるものだから
だが望《のぞ》むなら神《かみ》に逆《さか》らいし者《もの》として人柱《ひとばしら》にでもしてあげようか?
あの みじめな〝戦闘人形《せんとうにんぎょう》〟達《たち》のように…
ふ…
ふざけるなあ――!!
ダッ

トラ!!
サスケ君《くん》!!
ああああ!!
ゴッ
ス..
ピ
妖刀《ようとう》・村正《むらまさ》といえども
当《あ》たらないと
意味《いみ》がないよ?
な…あ……
動《うご》かへん……
〝紫微垣《しびえん》〟が……
鉛《なまり》みたいに重《おも》く
……
ぶん
ぐはあ!!
ゴッ
……だったら
これでどう?

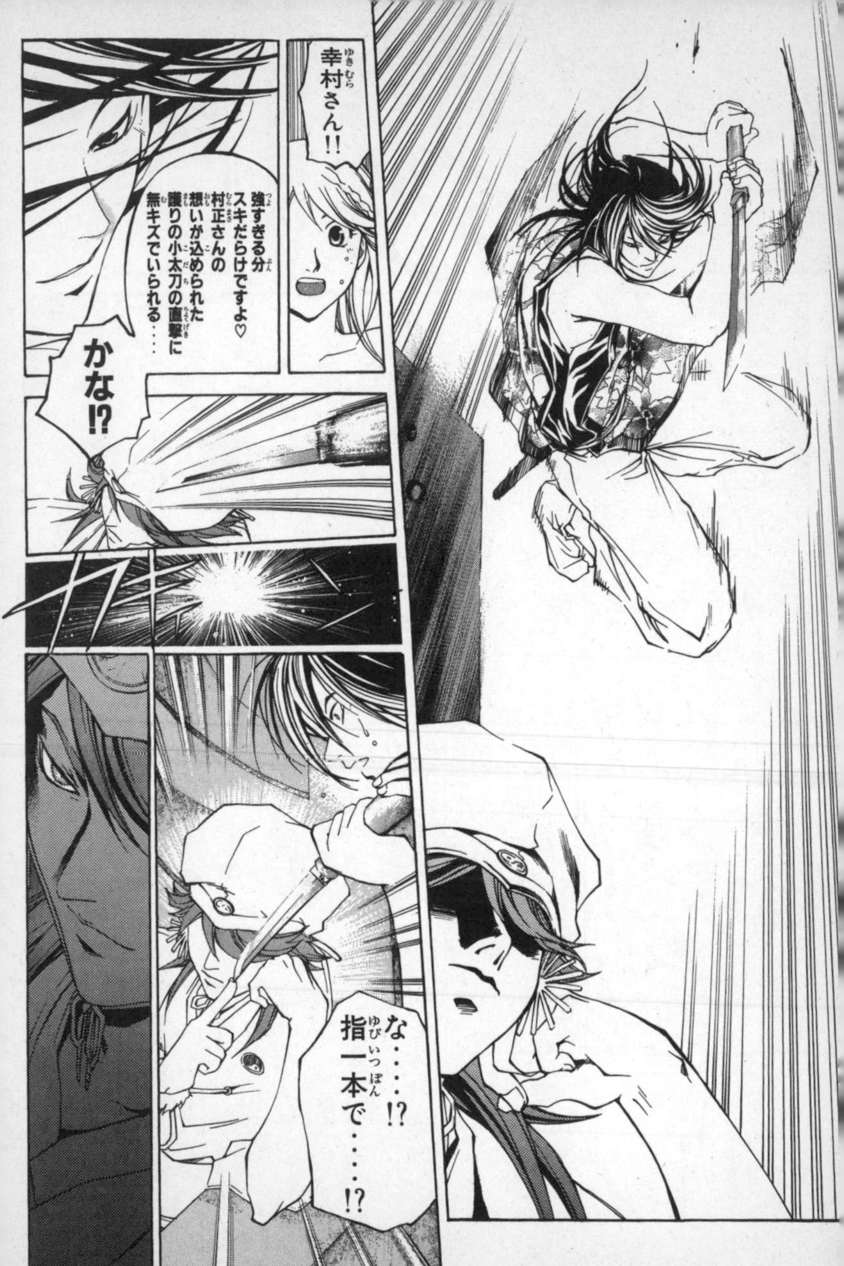
幸村《ゆきむら》さん!!
強《つよ》すぎる分《ぶん》スキだらけですよ♡
村正《むらまさ》さんの想《おも》いが込《こ》められた護《まも》りの小太刀《こだち》の直撃《ちょくげき》に無《む》キズでいられる・・・
かな!?
な・・・!?
指一本《ゆびいっぽん》で・・・!?

!
ゴッ
ぐあ!!
…仮《かり》に当《あ》たったとしても狂《きょう》や京四郎《きょうしろう》ならともかく…君《きみ》らごときが妖刀《ようとう》・村正《むらまさ》を使《つか》っても私《わたし》には通《つう》じない…
…ならこれで…どうだ!!

ピタ
なっ!? 体《からだ》が勝手《かって》に 止《と》めて……
……!?
あ…… が……
く…「紅十字《くれないじゅうじ》」が 烙印《らくいん》のように 熱《あつ》く体《からだ》に めり込《こ》んで……!?
が…… く…… あっ……!!
ギギギギ
三連続攻撃《さんれんぞくこうげき》か 即席《そくせき》チームの割《わり》に なかなかの連係《れんけい》だ ……
く…… か……
でも京四郎《きょうしろう》 「紅十字《レッドクロス》」の四守護士の君《きみ》が 創造主《そうぞうしゅ》である私《わたし》に逆《さか》らえる わけがないだろう? いいかげん理解《りかい》しないとね
これ以上《いじょう》 私《わたし》を 失望《しつぼう》させるなら さっさと消《き》えて もらおうか……
ポゥ

狂《きょう》!!
よ・・・・四連続攻撃《よんれんぞくこうげき》!?
・・・・バカはてめーだ!!
いい攻撃《こうげき》だが少し狙《ねら》いが甘《あま》いね——・・
ス‥

ザ

……悪《わり》イ
悪《わり》イ……
久々《ひさびさ》の躯《からだ》だからよ
刀《かたな》使《つか》うより拳《コッチ》の方《ほう》が
狙《ねら》いが正確《せいかく》なんだわ
き……
狂《きょう》……?
プッ
……狙《ねら》ってたな……
……ああ
最初《ハナ》から狙《ねら》ってたな……
あんまナメてんじゃねえよ……
オラ!!
さっさと立《た》ちな……!!
次《つぎ》はきっちり
ブッタ斬《ぎ》って
やるからよ!!

……狂《きょう》!!
ぐっ
……面白《おもしろ》い
……自分《じぶん》の血《ち》の味《あじ》を味《あじ》わうのは幾星霜《いくせいそう》ぶりだろう……
体中《からだじゅう》の血《ち》が燃《も》えたぎるようだ…

……いいだろう
ゆらぁ
少《すこ》しは本気《ほんき》で相手《あいて》をしてやろう……

少《すこ》しは本気《ほんき》で相手《あいて》をしてやろう
SAMURAI DEEPER KYO キョウ
上等《じょうとう》だ‥‥
狂《きょう》‥‥話《はなし》がある
ポツ
この闘《たたか》いに勝《か》たなければ‥‥
オレ達《たち》に‥‥この世界《せかい》に明日《あす》はない──‥

いく―――!!!
其之《その》二百九十八
太極《たいきよく》の神《かみ》・参《さん》の太刀《たち》～最強《さいきよう》の神龍《しんりゆう》

全《ぜん》力《りょく》で
SAMURAI DEEPER
KYO《キョウ》

狂《きょう》・・・・!!
なんてパワーだ・・・!! 今《いま》までの狂《きょう》をはるかに凌《しの》いでいる・・・ これが真《しん》の壬生《みぶ》一族《いちぞく》のパワーか・・・
・・・覚醒《かくせい》間《ま》もない割《わり》にうまく使《つか》いこなしているようだね 面白《おもしろ》い・・・・
では まず ザコどもを始末《しまつ》しようか・・・・
なんやと!? 腕組《うでぐ》みしてワイらを斃《たお》そうなんてええ度胸《どきょう》しとるやない・・・

・・・・え!?

……次《つぎ》は誰《だれ》かな？
なっ……今《いま》の一瞬《いっしゅん》でトラを⁉
……何《なに》が起《お》こった⁉
面倒《めんどう》だから全員《ぜんいん》まとめてきなさい……
幸村《ゆきむら》さん‼
鶺鴒眼《せきれいがん》を使《つか》える限界《げんかい》はとうに超《こ》えている……
でも先代《せんだい》のあのスピードを超《こ》えるには……
鶺鴒眼《せきれいがん》しかない──‼
鶺鴒眼《せきれいがん》……

私《わたし》はココだよ？
私《わたし》はココだよ？
私《わたし》はココだよ？
私《わたし》はココだよ？
私《わたし》はココだよ？
私《わたし》はココだよ？
私《わたし》はココだよ？
私《わたし》はココだよ？
私《わたし》はココだよ？
な・・・・
ゆ・・幸村《ゆきむら》さん・・・・!!
どサッ

技《わざ》を発動《はつどう》するのに
時間《じかん》がかかりすぎるよ
それとあまりに
スキだらけだ
気《き》をつけた方《ほう》がいいね
なら……
これで
どうだ――!!
秘《ひ》雷《らい》刃《じん》・
麒《き》麟《りん》――!!
どうだ!?
タン
はっ
……ひしぎの造《つく》った
稀少種《きしょうしゅ》か……
少《すこ》しは楽《たの》しめるかと
思《おも》ったが……
期待外《きたいはず》れだったかな

ガガ
ぐあっ!!
サ…サスケ君《くん》!!
…もう終《お》わりかい?つまらないな……
ザッ
カッ
京《きょう》四《し》郎《ろう》!!
…京《きょう》四《し》郎《ろう》お前《まえ》は私《わたし》に逆《さか》らえぬと何度《なんど》言《い》ったら……
…わかっていますだから……

ボク自身《じしん》にむけて攻撃《こうげき》を仕掛《しか》けておきました!!
四神《し しん》同時《どう じ》発動《はつ どう》!!
な・・・・
いけえええ――――!!
ドガァ

京四郎《きょうしろう》ォ——!!
……きかないな……
な……あ……
捨《す》て身《み》の攻撃《こうげき》も失敗《しっぱい》…… 京四郎《きょうしろう》すべては無意味《むいみ》だったようだね……
……いいえ…… 大成功《だいせいこう》ですよ

な!?
四神《しじん》がもう一回《いっかい》!?なんで‥‥
狂《きょう》!!

ボクの不完全《ふかんぜん》な四神《ししん》が あなたに通用《つうよう》しないのは わかっていた・・・ ボクのは狂《きょう》が四神《ししん》を 発動《はつどう》するための時間稼《じかんかせ》ぎと あなたのスキを作《つく》るための ものでしかない・・・
そう・・・ ボクらはすべて あなたを油断《ゆだん》させる この一瞬《いっしゅん》のための オトリ――・・・
さっきもそうですが あなたは自分《じぶん》の力《ちから》を 過信《かしん》しすぎ なんですよ
いけぇ――!!
オオ
オオ

と・・・止《と》めたで!!
・・・これで私《わたし》が斃《たお》せると本当《ほんとう》に・・・
・・・・きた

…これが黄金色《こんじき》の神風《かぜ》……
そうか これは…

四《し》神《しん》の中《ちゅう》央《おう》に座《ざ》し
森《しん》羅《ら》万《ばん》象《しょう》を守《しゅ》護《ご》し
破《は》壊《かい》する力《ちから》を持《も》つ
最《さい》強《きょう》の神《しん》龍《りゅう》〝黄《こう》龍《りゅう》〟・・・・

これが黄金色《こんじき》の神風《かぜ》の正体《しょうたい》――‥!!

や……
やったわ……
狂《きょう》さんの あの
“黄龍《こうりゅう》”を喰《く》らったら
いくら先代《せんだい》でも
……ね
うまくいって
よかったよ……
……
……狂《きょう》一人《ひとり》でも
勝《か》てたかも
しれないけど……
だからって狂《きょう》だけに
任《まか》せっきりになんか
したくない……
……
みんなで生《い》きて
帰《かえ》るんだろ?
ぐあああ!!
京四郎《きょうしろう》!?
京四郎《きょうしろう》さん!!
まさか……!?

きゃああ!!
トラ!! 幸村《ゆきむら》さん!! サスケ君《くん》!!
……まあ 少《すこ》しは 楽《たの》しめた かな？
……だが君達《きみたち》は 知《し》ることに なるだろう
本当《ほんとう》の絶望《ぜつぼう》を そして……
ウ…ウソ……

狂《きょう》の・・・・真《しん》の壬《み》生《ぶ》一《いち》族《ぞく》の狂《きょう》の
最《さい》終《しゅう》奥《おう》義《ぎ》〝黄《こう》龍《りゅう》〟すらも
きかないなんて――!!
〝神《かみ》〟の前《まえ》では
すべては
無《む》力《りょく》だと
いうことを

狂《きょう》の最終奥義《さいしゅうおうぎ》〃黄龍《こうりゅう》〃もきかない――…!?
SAMURAI DEEPER
KYO
キョウ
其之《その》二百九十九
太極《たいきょく》の神《かみ》・肆《し》の太刀《たち》～震怒《しんど》
し…真《しん》の壬生《みぶ》一族《いちぞく》の狂《きょう》の…〃黄龍《こうりゅう》〃がきかない…
無理《むり》なのか……!?
先代《せんだい》には誰《だれ》も勝《か》てないのか――!?

ばじゅ
!!
や…やっぱり
きいてるんだ……!!
狂《きょう》の"黄龍《こうりゅう》"!!
やった……!!
先代《せんだい》も無敵《むてき》じゃない!!
これなら勝《か》てる……
勝《か》てるわ……!!
狂《きょう》なら勝《か》てる……!!
先代《せんだい》を斃《たお》すことができるぞ!!
……血《ち》がまた出《で》たな……
しかもこんなにたくさん……
……え!?
……貴重《きちょう》な真の壬生一族《神である私》の血《ち》がこんなにたくさん……
許《ゆる》さん……

許《ゆる》さんぞ・・・・!!

なっ!?
は…速《はや》い――!!
ヴォン

き・・狂《きょう》!!
ぐっ!!
ちっ……
ばっ

ド
ぐっ……!!
ザザザザ
ザザ
ガギィ

ぐおぁああ
狂《きょう》っ!!
ぐ……く……
ヨロ…
ぼたぼた
……っ

強《つよ》いーー!!
こんな楽《たの》しい たい・・・くつしのぎは 久々《ひさびさ》だ・・・・
はやく立《た》て・・・・ 心《しん》の臓《ぞう》は刺《さ》さずに 手加減《てかげん》して やったんだから
まさか ここまで 差《さ》があるほど 強《つよ》かったなんて・・・・
さあ・・・・ もっと 私《わたし》を楽《たの》しませて くれ・・・・
・・・お前《まえ》は私《わたし》を 斃《たお》さねばならないの だろう?
皆《みな》のために ・・・・・・
はっ

ザズ
ザ
ばっ
ゴッ
がッ

ぐぐぐ
ぐ……
あ……
が……
あ……
メリメリ
き……
どうか……
壬生《みぶ》を
頼《たの》む……
おおおおぉ
ばっ

ギリギリ
ギリギリ
オオオオ
きばれ!!
狂《きょう》が先代《せんだい》に勝《か》つまで
なんとか
持《も》ちこたえるんだ!!

斃《たお》す
ほう・・・？
斃《たお》す

斃《たお》す
狂《きょう》・・・・!?
ビキビキ
真《しん》の壬生《みぶ》一族《いちぞく》は
"鬼《おに》"の血族《けつぞく》なんだよ
心《こころ》を失《うしな》った
"鬼《おに》"・・・・
斃《たお》す
ズ
"神《かみ》"の力《ちから》を持《も》つ
真《しん》の壬生《みぶ》一族《いちぞく》がなぜ
ほとんど絶滅《ぜつめつ》して
しまったと思《おも》う?
殺《ころ》し合《あ》ったんだよ
一族同士《いちぞくどうし》でね

うおおお
ゴッ
その"力《ちから》"におぼれ
"血《ち》"に負《ま》ければ
かつての一族《いちぞく》と同《おな》じ
己《おのれ》が滅《ほろ》びるまで
闘《たたか》いに興《きょう》じる
破壊《はかい》と殺戮《さつりく》だけの
心《こころ》を失《うしな》った"鬼《おに》"となる
気《き》をつけなさい―
狂《きょう》・・・・!!
それでも

狂《きょう》!! だめだ!! それ以上《いじょう》は……
オレは
うおおおお
コイツ《先代》を斃《たお》す!!

狂《きょう》──!!
・・・まだまだだな・・・・

!?
狂《きょう》!!
ばっ
すごい……!!
狂《きょう》も一撃《いちげき》を決《き》めていたなんて……
狂《きょう》……
まさか……
……え!?

フー…
フー…!
フー
フー…
フー
……狂《きょう》!?
ク……
クックック……

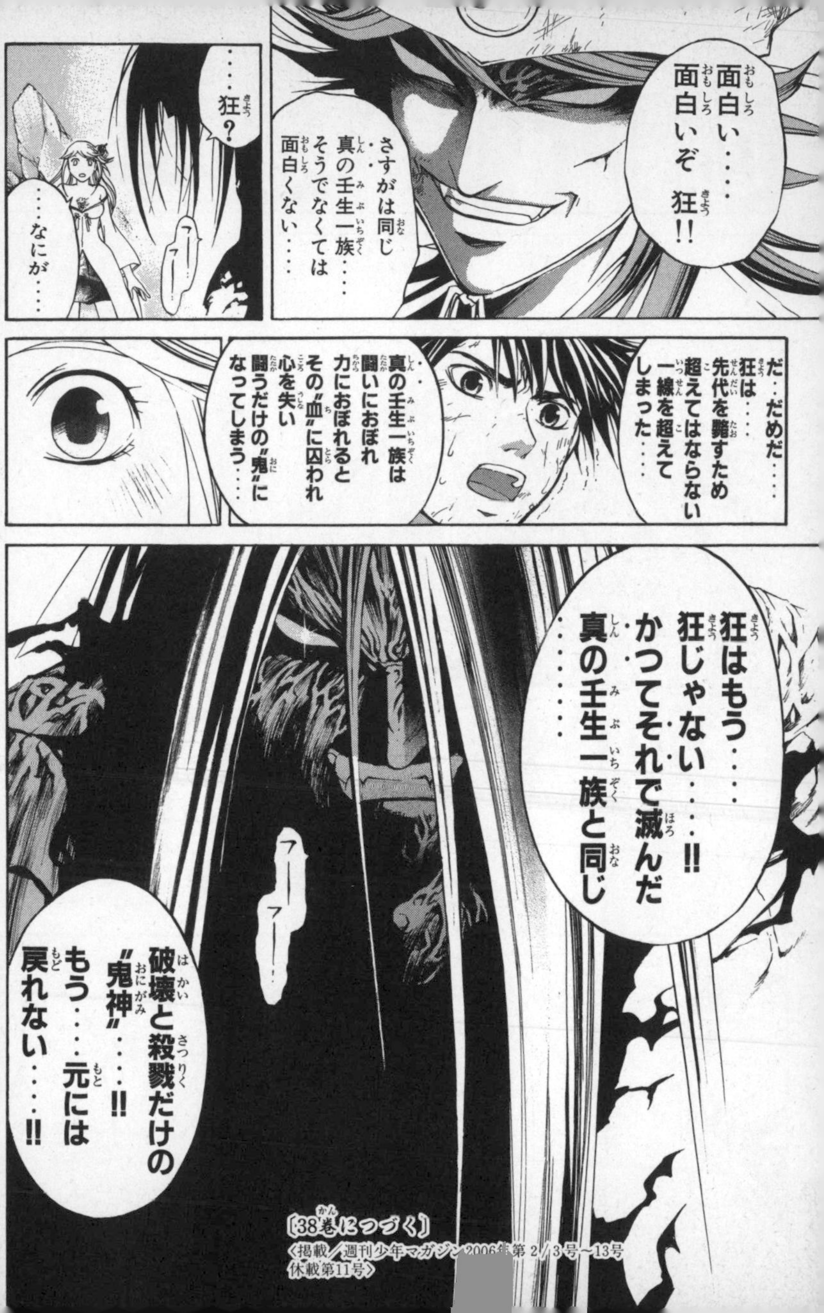
面白《おもしろ》い・・・・
面白《おもしろ》いぞ 狂《きょう》!!
さすがは同《おな》じ 真《しん》の壬生一族《みぶいちぞく》・・・・ そうでなくては 面白《おもしろ》くない・・・・
・・・・狂《きょう》?
・・・・なにが・・・・
フーー
だ・だめだ・・・・ 狂《きょう》は・・・・ 先代《せんだい》を斃《たお》すため 超《こ》えてはならない 一線《いっせん》を超《こ》えて しまった・・・・
真《しん》の壬生一族《みぶいちぞく》は 闘《たたか》いにおぼれ 力《ちから》におぼれると その"血《ち》"に囚《とら》われ 心《こころ》を失《うしな》い 闘《たたか》うだけの"鬼《おに》"に なってしまう・・・・
狂《きょう》はもう・・・・ 狂《きょう》じゃない・・・・!! かつてそれで滅《ほろ》んだ 真《しん》の壬生一族《みぶいちぞく》と同《おな》じ・・・・・・
フーー フーー
破壊《はかい》と殺戮《さつりく》だけの "鬼神《おにがみ》"・・・・!! もう・・・・元《もと》には 戻《もど》れない・・・・!!
[38巻《かん》につづく]
〈掲載／週刊少年マガジン2006年第2/3号～13号
休載第11号〉

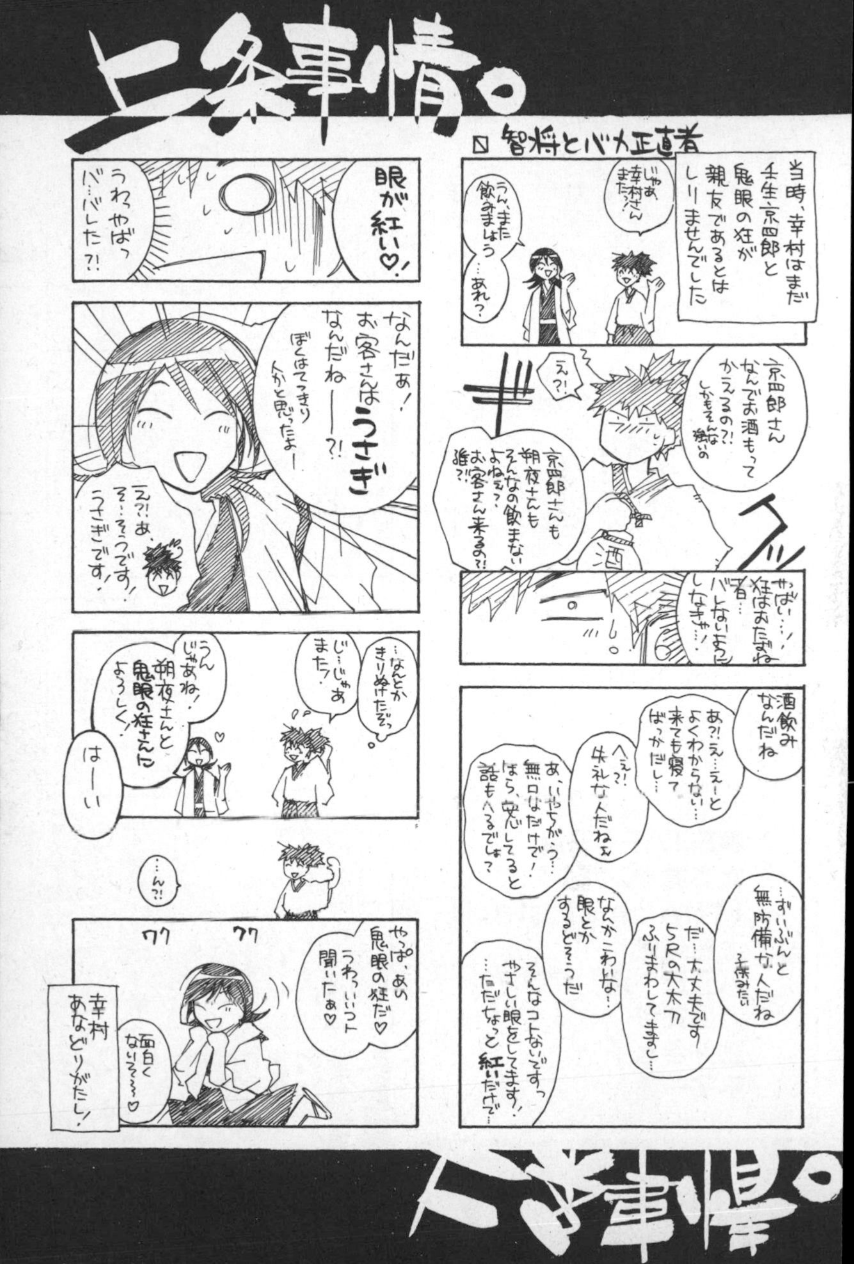

上条事情。
智将とバカ正直者
当時、幸村はまだ壬生京四郎と鬼眼の狂が親友であるとはしりませんでした
じゃあ幸村さんまた
うん、また飲みましょう …あれ？
京四郎さんなんでお酒もってかえるの?! しかもそんな強いの
え?!
京四郎さんも朔夜さんもそんなの飲まないよねぇ、お客さん来るの?! 誰?!
酒
ギクッ
やばい…! 狂はおたずね者… バレないようにしなきゃ…!
酒飲みなんだね
あ?! え…え～と よくわからない… 来ても寝てばっかだし…
へぇ?! 失礼なんだねぇ
あ、いやちがう… 無口なだけで! ほら、安心してると話もへるでしょ?
…ずいぶんと無防備な人だね 子供みたい
だ…大丈夫です 5尺の大太刀ふりまわしてますし…
なんかこわいな… 眼とかするどそうだ
そんなコトないですっ やさしい眼をしてます! …ただちょっと紅いだけで…
眼が紅い♡!
うわっやばっ バ…バレた?!
なんだぁ! お客さんはうさぎなんだね――?! ぼくはてっきり人かと思ったよ!
え?! あ、そ…そうです! うさぎです!
…なんとかきりぬけたぞっ
じ…じゃあまたっ
うん じゃあね! 朔夜さんと鬼眼の狂さんによろしく!
はーい
…ん?!
ワク ワク
やっぱ、あの鬼眼の狂だ♡ うわっいいコト聞いたぁ♡
面白くなりそ～～♡
幸村あなどりがたし!

上条事情。

☐友情はサトリよりも深し

ちわっス! 上条です! 今回はおまけページが少なくて、楽しみにしてくれていた方、すみませんっ!! 次巻、ムチャクチャ頑張るぜっっ!!

さて、次巻は大きな山3つ目です。いよいよ一番デカイ山です。「KYO」のキャラ達がその山をどうのりこえていくのか、そして何を得、何を失うのか、その目で見てやってくれっ!!

36巻の限定版を買いのがした者も ココでケータイ用待受がGETできちゃうぞ!
http://kcw.jp

お手紙プレゼント等々いつもありがとうございます! みんなの生の声が何よりのはげみであり、創る糧となりますョ! 毎週読ませてもらってます!

⇨CDドラマ・SAMURAI DEEPER KYO
陰陽殿への扉編　第四巻
『朱雀 対 鵺鴟』　2枚組 ￥3,990.—
超ゴーカ声優陣オールキャスト全員登場+α!
そしてとうとうヤツの声も聞けるゾ!
上条の描き下ろし4コマも有!!
詳しくはマリンさんHPまで! http://www.marine-e.co.jp/

■STAFFS■
たておかシバ
(The chief staff)
上村聖史
八至丘　翔
岡部美也
藤井さと子
平子一喜

元ネタ 14巻 P.176を見てね!! 要チェック

上条事情。

一本《いっぽん》！

【東京都／マロ】⬅

時人。
生きて、
生きて、
笑ったの。

深《ふか》い一言《ひとこと》だな……。時人《ときと》の表情《ひょうじょう》もその言葉《ことば》どおりとてもおだやかで印象的《いんしょうてき》。とても心《こころ》に残《のこ》りました。ありがとう。

【東京都／黒子咲】⬅

ーーただいま。

これからはずっと笑《わら》えるな！

【三重県／本条カイ】➡

赤《あか》から青《あお》へ。色《いろ》のグラデーションが！

技《わざ》あり！

【北海道／櫻木仁】⬅

吹雪のような
強い人になってください
ーー時人

子供《こども》にやさしかった昔《むかし》のひしぎ。時人《ときと》にもいつかひしぎの愛情《あいじょう》に気《き》づく日《ひ》が来《く》るだろうね。

技《わざ》あり！

【長野県／あづみ】⬅

信じてろ!!
必ず勝つ!

熱《あつ》いぜ！ ちょっと苦《くる》しそうな狂《きょう》の表情《ひょうじょう》も頑張《がんば》りがつたわってきていいね。刀《かたな》にゆやがうつっている…！

【大阪府／こうちゃん】⬅

一人《ひとり》じゃないな！

仲間《なかま》ーー

【東京都／フジ】⬅

きっといつかかなうはず！

夢は
叶う

【香川県／慎】⬅

惹《ひ》かれる一枚《いちまい》。

吹雪

キャラ特集《とくしゅう》【鬼眼《おにめ》の狂《きょう》】

技《わざ》あり！

［新潟県／ほたる大好きっ子］←
こんなヒナ段《だん》欲《ほ》しいなっ！ キャラ達一人一人《たちひとりひとり》の特長《とくちょう》良く出《で》てる！ タルそ～な狂《きょう》が面白《おもしろ》い（笑）。

［愛知県／ニム］←
「喜《き》」が増《ふ》えると良《い》いな！

一俺は
負けねえ

［福井県／うめガム］←
静《しず》かな決意《けつい》…！

飼い主
募集中ョ♥

←［福岡県／希］
手《て》を噛《か》まれぬよう…！

↑［大分県／稚羽矢］
桜《さくら》が似合《にあ》う漢《おとこ》。

信じて待っている……
ばかみたいに

↑［沖縄県／亜煌］
子供《こども》の狂《きょう》は素直《すなお》だね。

SAMURAI
DEEPER
KYO
鬼眼の狂

［岡山県／守屋香里］←
とても鮮麗《せんれい》されたタッチだね。

鬼眼の狂
SAMURAI
DEEPER
KYO

［愛知県／高口久璐野］←
昔《むかし》と今《いま》の狂《きょう》！

『"一本《いっぽん》!!"賞《しょう》』 1名《めい》 豪華《ごうか》 テレカ3枚組《まいぐみ》プレゼント

『"技《わざ》あり!!"賞《しょう》』 3名《めい》 テレカ1枚《まい》プレゼント

要注意《ようちゅうい》！
名前《なまえ》は はっきり書《か》いてね。読《よ》みづらいと正《ただ》しい名前《なまえ》やペンネームが表記《ひょうき》できないよ。

キャラ特集《とくしゅう》、次回《じかい》のお題《だい》は
君《きみ》の一番《いちばん》好《す》きなキャラ
ガンガン挑戦《ちょうせん》してね!!

応募要項《おうぼようこう》
イラストはハガキで送《おく》ってね。ペンネームはあるのに本名《ほんみょう》や住所《じゅうしょ》が書《か》いてない場合《ばあい》は、記念品《きねんひん》などが送《おく》れないのでハガキをポストに入《い》れる前《まえ》にチェックして！
みんなの質問やファンレターも下記《かき》の住所《じゅうしょ》で受《う》け付《つ》けてるよ！

あて先 〒112−8001 東京都文京区音羽2−12−21
講談社週刊少年マガジン編集部
KC「SAMURAI DEEPER KYO 上条に挑戦！」係

注 お送《おく》りいただいたお手紙《てがみ》、ハガキにご記入《きにゅう》いただいた郵便番号《ゆうびんばんごう》、住所《じゅうしょ》、氏名《しめい》などをふくんだ個人情報《こじんじょうほう》を、著者《ちょしゃ》の先生《せんせい》にお渡《わた》しすることが ありますので、ご了解《りょうかい》のうえでお手紙《てがみ》をお送《おく》りください。

あなたは、この本《ほん》を読《よ》んで、どのような感想《かんそう》をおもちになりましたか。
このほかに、「講談社《こうだんしゃ》コミックス」の中《なか》で、どんな本《ほん》を読《よ》まれましたか。
このつぎには、どんな作家《さっか》の、どんなまんがを読《よ》みたいとお考《かんが》えですか。
コミックス編集《へんしゅう》の参考《さんこう》にさせていただきたいと思《おも》います。「読後《どくご》の感想《かんそう》」と合《あ》わせて、左記《さき》のところあてにお知《し》らせください。
なお、お送《おく》りいただいたお手紙《てがみ》、ハガキにご記入《きにゅう》いただいた郵便番号《ゆうびんばんごう》、住所《じゅうしょ》、氏名《しめい》などをふくんだ個人情報《こじんじょうほう》を、著者《ちょしゃ》の先生《せんせい》にお渡《わた》しすることがありますので、ご了解《りょうかい》のうえでお手紙《てがみ》をお送《おく》りください。

東京都文京区音羽二丁目十二番二十一号
（郵便番号一一二－八〇〇二）
「講談社コミックス」編集部

N.D.C. 726 190p 18cm

講談社コミックス 三六五三巻
SAMURAI DEEPER《サムライディーパー》 KYO《キョウ》 ㊲

2006年4月17日 第1刷発行
定価はカバーに表示してあります。

著者 上《かみ》条《じょう》明《あき》峰《みね》
発行者 五十嵐隆夫
発行所 株式会社 講談社
東京都文京区音羽二－一二－二一
（郵便番号一一二－八〇〇一）
編集部（03）五三九五－三四五九
販売部（03）五三九五－三六〇八
印刷所 株式会社 廣済堂
製本所 本村製本株式会社

講談社

落丁本・乱丁本は購入書店名を明記のうえ、小社業務部宛にお送りください。送料小社負担にてお取り替えいたします。
電話（03）五三九五－三六〇三
なお、この本についてのお問い合わせは、週刊少年マガジン編集部宛にお願いいたします。

ISBN4-06-363653-4

Printed in Japan

そして
神《しん》話《わ》が終《お》わり
伝《でん》説《せつ》が始《はじ》まる──‥

一期一会《いちごいちえ》のKC第《だい》38巻《かん》
7月《がつ》中《ちゅう》旬《じゅん》発《はつ》売《ばい》!!

SAMURAI DEEPER KYO NEXT!!